Significado de los Símbolos en los Dibujos de los Niños

Qué significan y lo que nos revelan

Si este libro le ha interesado y desea que lo mantengamos informado de nuestras publicaciones, escríbanos indicándonos cuáles son los temas de su interés (Autoayuda, Espiritualidad, Qigong, Naturismo, Enigmas, Terapias Energéticas, Psicología práctica, Tradición...) y gustosamente lo complaceremos.

Puede contactar con nosotros en
comunicación@editorialsirio.com

Título original: I SIMBOLI NEI DISEGNI DEI BAMBINI, de Evi Crotti y Alberto Magni
Traducido del italiano por María Inmaculada Dueñas García
Diseño de portada: Editorial Sirio, S.A.

©   2010 Red Edizioni, Milano
©   2010 red!, Milano

©   de la presente edición

EDITORIAL SIRIO, S.A.	EDITORIAL SIRIO	ED. SIRIO ARGENTINA
C/ Rosa de los Vientos, 64	Nirvana Libros S.A. de C.V.	C/ Paracas 59
Pol. Ind. El Viso	Camino a Minas, 501	1275- Capital Federal
29006-Málaga	Bodega nº 8,	Buenos Aires
España	Col. Lomas de Becerra	(Argentina)
	Del.: Alvaro Obregón	
	México D.F., 01280	

www.editorialsirio.com
E-Mail: sirio@editorialsirio.com

I.S.B.N.: 978-84-7808-812-6
Depósito Legal: MA-349-2012

Impreso en Imagraf

Printed in Spain

Evi Crotti y Alberto Magni

Significado de los Símbolos en los Dibujos de los Niños

Qué significan y lo que nos revelan

editorial Sirio, s.a.

Comprender el lenguaje de los símbolos

*Los propios niños han puesto en mis manos
la pluma para que cuente su historia.*

EVI CROTTI

Hoy en día ha aumentado notablemente la conciencia de lo importante que es prestar atención a la psique —a la que también podemos llamar alma— del niño, para ayudarle a crecer de una forma equilibrada. Y es precisamente a través de sus dibujos como su mente manifiesta un pensamiento que, a menudo, aún no es capaz de expresar con claridad o de forma totalmente consciente. Por lo tanto, para intentar penetrar el complejo mundo de la infancia y comprenderlo es determinante saber interpretar de manera correcta estos mensajes que la psique del niño deja aflorar a través de los símbolos.

Naturalmente, es necesario tomar en debida consideración no solo el valor universal de los símbolos, sino también al sujeto que filtra su significado.

La esencia del símbolo se refiere a un código arquetípico que radica profundamente en el ser humano, un código que une a todas las razas y todas las culturas, y que hace evidente la universalidad de la mente humana.

Nada es indiferente, todo tiene un significado, eso es lo que afirman los estudiosos que se ocupan de la psique. Cada forma expresada posee un valor simbólico que, incluso siendo inconsciente, indica una relación directa y segura con el mundo interior de quien la ha representado. Es, por lo tanto, fundamental, aprender a reconocer los símbolos que, a través de las formas gráficas expresas, nos pueden ayudar a comprender la mente de nuestros hijos y sus aspiraciones.

Como el lenguaje de la psique utiliza símbolos relacionados con todos los planos de la realidad, es precisamente a través de la psique como el individuo puede relacionar el propio inconsciente con el inconsciente colectivo que, como hemos dicho, «habla» empleando arquetipos universales y, por lo tanto, crear una relación entre microcosmos y macrocosmos. Por ello, si se logra interpretar correctamente esta correlación, podríamos llegar a acercarnos a descifrar la realidad más profunda de un individuo. En este libro veremos cómo algunos símbolos representados en los dibujos expresan de una forma clara e inequívoca la visión emocional del niño, del joven y, por qué no, también del adulto. Aprenderemos así que los dibujos, si se interpretan correctamente, pueden ser instrumentos extraordinarios, útiles para seguir de cerca el desarrollo psicofísico de nuestros hijos. Podremos de esta forma darnos cuenta de si su crecimiento es sereno o problemático, de manera que podamos intervenir eventualmente con las elecciones educativas adecuadas a sus necesidades.

La infancia y la adolescencia no son siempre edades felices, ya que el proceso de crecimiento lleva consigo cambios que pueden vivirse con ansiedad y preocupación. La interpretación de los símbolos recurrentes en el dibujo ayuda a descubrir dónde podría localizarse el problema, por ejemplo, la representación obsesiva de formas afiladas o contundentes, como espadas y garrotes, denuncia a menudo el despuntar de comportamientos agresivos, debidos quizás a un sentimiento de culpa no resuelto. Si vemos constantemente representado un sol negro y sin rayos, podríamos hallarnos en presencia de un niño que está viviendo de una forma negativa la relación con su padre (el sol es, como veremos, el símbolo por excelencia de la figura paterna). Si el pequeño dibuja montañas muy afiladas, será, por el contrario, la relación con una madre demasiado presente la que está representada.

Naturalmente, no siempre la lectura de los símbolos es unívoca, la representación del agua, por ejemplo, expresa los conceptos de purificación, tranquilidad, feminidad, pero también de regresión, una regresión no imputable a la apatía, sino que más bien pone en evidencia las dificultades que comporta el crecimiento. Estas dificultades pueden tener como consecuencia la aparición de actitudes tímidas o de formas de ansiedad y aprensión excesivas e injustificadas, que es posible que se manifiesten, por ejemplo, con la enuresis nocturna.

El enfoque del examinador sobre el test «lápiz y papel»

Cuando un niño o un joven se somete a un test «lápiz y papel» y realiza un dibujo, hay que fijar la atención en el enfoque que presenta al enfrentarse a tal prueba y, por lo tanto, a la actitud que se tiene tanto hacia el experto como hacia la propia prueba que se le propone.

Lo ideal sería, naturalmente, que el joven realizara el test con entusiasmo pero, en caso de rechazo o de una actitud poco colaboradora, será labor del experto profundizar en los motivos e intentar instaurar sobre estas bases un diálogo con él.

El experto no se limitará a observar la representación en sí, sino que centrará la atención en la forma en que se ha realizado el dibujo: la rapidez, la lentitud, la meticulosidad, la desidia, los borrones, la elección de los colores, etc. Un papel relevante, a fin de interpretar un dibujo, es también el que desempeña la verbalización. Es decir, se invitará al joven a que cuente qué significa para él. Sin embargo, no hay que someterlo a un «interrogatorio», sino ayudarle a expresar de manera espontánea todo lo que piensa y experimenta, esto permitirá al experto comprender las dificultades eventuales que el joven está viviendo. Una escucha activa por parte del examinador, que refuerce la estima y la confianza, es una premisa necesaria para vivir con empatía su realidad.

Todos los símbolos que aparecen en los dibujos de los niños y los jóvenes hablan de las emociones y de los impulsos más fuertes y profundos que forman parte de su vida. Si bien su lenguaje parece oscuro a veces, esforzándonos en interpretarlo podremos ayudarlos a resolver sus problemas. Una vez más, son los propios niños quienes nos enseñan el ABC de este maravilloso vocabulario constituido por el mundo de los símbolos.

No hay que tener miedo de entrar en contacto con el mundo del inconsciente, por temor de ser etiquetados, tanto nosotros como nuestros hijos, como «enfermos». De hecho, la labor de la psicología no es juzgar, sino ayudar a encontrar soluciones. La psicología, con su capacidad de descifrar el complejo universo de los símbolos, representa un instrumento para el conocimiento de nuestro ser, comprendiendo, obviamente, nuestros límites.

Con frecuencia, el mundo adulto ignora o finge que no recibe los mensajes simbólicos enviados por los jóvenes porque teme el enfrentamiento con los problemas relacionados a menudo con la mente y el inconsciente. No son, por lo tanto, los jóvenes los que tienen miedo de analizar la profundidad de su propio ser, sino que son los adultos los que, incluso ante el psicoterapeuta, tienden a enmascarar la realidad, a menudo para ocultar su capacidad educativa. La cuestión es que no se trata de considerar a los niños «enfermos», sino de responder a sus peticiones de ayuda, ya que prevenir es mejor que curar.

La función del símbolo es, por lo tanto, hacernos penetrar en lo más profundo del alma, llevarnos a comprender aquella parte de nosotros en la que no existen barreras racionales o culturales que censuren nuestras necesidades primarias. Debemos aprender a descifrar de una forma correcta el significado psicológico real de los símbolos, y para ello hemos de basar nuestras indagaciones en el estudio de los elementos primordiales del inconsciente, es decir, los arquetipos. La mayor parte de los arquetipos que los niños representan espontáneamente en sus garabatos y dibujos son símbolos comunes para toda la humanidad, que forman parte de un trasfondo inconsciente situado en la base de los sueños, mitos, representaciones y religiones de los pueblos de todo el mundo. Se trata, por lo tanto, de símbolos totalmente desligados de factores como la edad, la cultura, el estrato social o la etnia a la que se pertenece.

En los últimos decenios, la tecnología ha impuesto cambios repentinos a nuestro estilo de vida, pero el mundo simbólico, ligado a la esfera espiritual de las emociones, ha permanecido invariable. La tendencia hacia el amor, la solidaridad, la amistad y la lealtad son sentimientos inmutables, así como el extraordinario complejo de emociones y sentimientos que acompaña al ser padres y madres, que en el dibujo corresponden con el arquetipo del sol y de la luna, respectivamente. Es un mundo de imágenes arcaicas que nos acompaña desde el nacimiento y que, como impronta común, nos comunica con toda la humanidad.

La correcta interpretación de los arquetipos, basada en el simbolismo universal, nos permite, incluso con toda la cautela y las reservas hacia cada caso, aislar los elementos útiles para comprender los sentimientos, las necesidades y las aspiraciones de nuestros pequeños. Pero, aún más, en una edad difícil como la adolescencia, seremos capaces de percibir las razones ocultas de los cambios que a menudo ponen en peligro la seguridad interior de nuestros jóvenes. A veces estos malestares pueden salir a relucir, al menos en parte, a través del estudio de este rico y válido lenguaje no verbal. El simbolismo, de hecho, evidencia con claridad y sencillez lo que el joven está viviendo, cómo afronta el paso de la dependencia infantil a la autonomía, superando los miedos y complejos que aparecen de forma prácticamente inevitable a esta edad. Se trata de temores reales o imaginarios pero que, sin embargo, se sienten de forma intensa, que pueden interferir con la serenidad del crecimiento.

Cómo se interpreta un símbolo

La belleza tiene tantos significados
como estados de ánimo tiene el hombre.
Es el símbolo de los símbolos.
Lo revela todo porque no expresa nada.

ÓSCAR WILDE

Signos inductivos y signos convencionales

Antes de proporcionar las nociones básicas para la interpretación de los símbolos es necesario distinguir entre signo inductivo y signo convencional. El primero está ligado a la probabilidad de que se relacione algo con él, por ejemplo, una señal premonitoria del buen tiempo o de lluvia. Se dice, por ejemplo: «Arreboles de la noche, por la mañana son soles», y de hecho, si vemos un bonito atardecer rojizo lo interpretamos como una señal de buen tiempo para el día siguiente. El signo convencional, en cambio, se define como «símbolo» porque debe atenerse a ciertas reglas, por ejemplo, la señal de la figura 1.

En el lenguaje cotidiano se usan a menudo expresiones figuradas que se sirven de símbolos para describir sentimientos: «Se me rompe el corazón», «Estoy rojo de ira», «Estoy de un humor de perros» o también «Estoy por los suelos».

Elementos necesarios para una correcta interpretación

Al interpretar un dibujo, se ha de tener en cuenta:

- *Los elementos expresivos* como la claridad, la dimensión, la velocidad de ejecución, la posición de las figuras, el espesor del trazo y la presión ejercida, la originalidad de la representación y la espontaneidad expresiva.
- *Los elementos adicionales* como el punto, la línea, los ángulos, las curvas, las cruces, las rayas, los cuadrados, los triángulos, las guirnaldas, etc.
- *Los elementos meramente representativos*, es decir, las figuras humanas, los animales, los árboles, las formas geométricas, las casas, los paisajes, etc.

En la interpretación de un símbolo se debe tener en cuenta, por el contrario:

- El concepto general de interpretación.
- Los criterios que hacen que una interpretación sea mejor que otra.
- La explicación del significado.
- La relación entre símbolo y dibujo en general.

¿Qué es la interpretación?

Para entender bien el concepto de «interpretación» hay que centrar la atención, ante todo, en el autor de la propia interpretación. El intérprete es, de hecho, un intermediario, podría decirse que aquel que intenta aclararle a alguien lo que ha hecho otro. No se trata del autor de las palabras ni del escrito que hay que interpretar, sino una persona que sirve de unión, una especie de mediador.

El niño que dibuja quiere expresar algo que el adulto que mira su obra no siempre llega a comprender. Por tanto, el experto en interpretación de los dibujos y el psicólogo intentan llevar a cabo un acercamiento objetivo al dibujo con el fin de comprender las verdaderas razones que han empujado al pequeño a dibujar de aquella forma y no de otra.

La interpretación es una relación entre dos elementos: la expresión original, es decir, el dibujo representado, y la experiencia de quien interpreta el propio dibujo, que lo lleva a formular un correcto diagnóstico descriptivo del niño o del joven.

En resumen, la interpretación siempre es una labor de mediación que consiste en transformar una forma de expresión (el dibujo en este caso) en otra (la descripción del carácter del dibujante) con el fin de que el «lenguaje» que se ha usado en aquel tipo específico de expresión (forma, posición en la hoja, colores, etc.) sea más comprensible. Podría decirse que interpretar es algo parecido a comprender reformulando o volviendo a expresar el todo de una nueva forma.

Criterios para la elección de la mejor interpretación

¿Cuáles son los elementos que hacen que una interpretación sea correcta o aceptable? El primero de todos, obviamente, es el conocimiento de los símbolos representados y de su significado por parte del intérprete, así como su destreza, competencia y experiencia.

Un buen intérprete de los elementos simbólicos de un dibujo infantil es aquel que, por un lado, logra situar la observación en el contexto ambiental en el que se crea el dibujo y, por otro, tiene en cuenta tanto los conceptos aceptados universalmente como los elementos personales. Además de esto, se podría decir que la mejor interpretación es la que, en la medida de lo posible, «deja hablar al autor», en este caso el niño.

Explicación del significado

Para comprender el significado de una expresión, en este caso gráfica, se deben tener en cuenta distintos elementos:

- El sujeto de la representación, como por ejemplo, la casa o el árbol.
- El contexto, es decir, las condiciones ambientales en las que se desarrolla la representación gráfica.
- Las posibles interferencias externas que podrían derivarse, por ejemplo, del hecho de que el autor del dibujo lo haya realizado en el colegio en lugar de en casa.

Relación entre símbolo y dibujo en general

La interpretación de los símbolos incluidos en los dibujos infantiles debe tener en cuenta todos los elementos presentes en el propio dibujo; de hecho, si se eliminara solamente una pequeña parte, como por ejemplo, la chimenea de la casa (figuras 2a y 2b), la interpretación sería completamente distinta.

Fig. 1

Fig. 2a

Fig. 2b

De hecho, para interpretar correctamente un dibujo hay que tener en cuenta el conjunto de los símbolos que están representados y no fijarse exclusivamente en los elementos particulares separados unos de otros.

El simbolismo alfabético, es decir, aquel relacionado con la escritura, es constante, ya que sigue las mismas reglas convencionales de construcción o sintaxis. Al simbolismo de los dibujos, en cambio, se le aplican reglas diferentes, y una correcta interpretación debe tener en cuenta al mismo tiempo los distintos elementos: el dibujante, el momento, la situación y, sobre todo, la complejidad representativa.

Figura 1.   Las señales de tráfico con forma triangular con el vértice hacia arriba indican siempre la presencia de un peligro.

Figuras 2a/2b.   Del dibujo de Angelo, de cinco años y siete meses, se han eliminado elementos importantes: el segundo ha sido, por lo tanto, sustancialmente modificado y por eso la interpretación se transforma profundamente. Basta con que falte la chimenea humeante para convertir una casa acogedora en una vacía y sin vida, expresión de la falta de estímulos para el niño dentro de casa.

El cielo y la tierra

*En el principio todo el universo
era solamente un no ser,
un ser divino. Se desarrolló y se formó
un nuevo huevo que permaneció cerrado durante un año.
Entonces se abrió y de las dos mitades de la cáscara
una era de plata y la otra de oro.
Esta última formó el cielo,
mientras que la primera formó la tierra.*

CHANDOGYA UPANISHAD

Origen de los símbolos

Cielo y tierra representan los límites dentro de los cuales vive el hombre. Arquetípicamente simbolizan también los límites del universo, macrocósmico en el cielo y microcósmico en la tierra.

Significado psicológico de los símbolos

El cielo está relacionado con el principio masculino activo y la tierra, con el principio femenino pasivo.

Al representar el cielo, incluso con un sencillo trazo azul que bordee la parte superior del folio, el dibujante describe inconscientemente su propio deseo de grandeza y espiritualidad.

Al representar la tierra, el sujeto pone en evidencia su dependencia de la madre, imagen de seguridad afectiva, nutritiva y relacional. Ella es, efectivamente, la primera persona con la que el niño entra en contacto para experimentar y afrontar la realidad externa.

Los símbolos en el dibujo

La tierra, símbolo de la madre

Este símbolo no solo se representa de manera explícita; puede expresarse también de forma implícita, a través de la hierba (figura 3), las flores, las setas o, sencillamente, con un trazo marrón en la parte inferior del folio. Aparece en los dibujos de aquellos niños a los que les gusta «tener los pies en la tierra», es decir, que son pragmáticos y seguros, porque se han nutrido del amor materno, al que ningún otro alimento puede sustituir. La ausencia de este símbolo en la representación de un paisaje es una señal en la que merece la pena profundizar (figura 4).

El cielo, símbolo del espíritu

Este símbolo, como sucede también con el de la tierra, es dibujado por niños de todo el mundo y de todas las culturas, incluso con una simple línea azul en la parte superior del folio (figura 5). Raramente, de hecho, falta el cielo en un paisaje pintado por un niño, simbolizando las aspiraciones espirituales del hombre (figura 6).

Fig. 3

Fig. 4

Fig. 5

Fig. 6

A través de la representación de este símbolo, el niño, aunque sea pequeño, muestra su propia sensibilidad. Metafóricamente, el cielo representa un estímulo para salir, para sacar todo el potencial propio.

Los niños que siempre intentan dar lo mejor de sí, muy curiosos y deseosos de aprender cosas nuevas lo dibujan a menudo, incluso enriqueciéndolo también con otros detalles. El riesgo que corren este tipo de niños es, sin embargo, ser víctimas de un idealismo y un perfeccionismo excesivos.

Figura 3. En el dibujo de Jacques, de seis años y un mes, la línea de la tierra está representada por la hierba.

Figura 4. La casa dibujada por Tommaso, de cinco años, se apoya directamente sobre el borde del folio; la ausencia de la línea del suelo podría denunciar la necesidad del pequeño de recibir seguridad y aprobación por parte de los padres antes de «desengancharse» de la familia y «alzar el vuelo» hacia un mundo exterior fascinante pero, al mismo tiempo, temido.

Figura 5. Como se ve en el dibujo de Gaia, de cinco años y nueve meses, a menudo incluso una sola línea azul en el borde superior del folio es suficiente para representar el cielo.

Figura 6. Los elementos más evidentes en el dibujo de Mattia, de cinco años y ocho meses, son el cielo azul y la tierra, representada con una gruesa banda amarilla que recuerda al color de la arena.

El sol

*Un buen padre es realmente
aquel que conoce a su hijo.*

WILLIAM SHAKESPEARE

Origen del símbolo

El sol desempeña un papel importante en todas las culturas, es expresión de Dios, del héroe, de la guía, del maestro, del salvador, del sacerdote o del padre. Representa por lo tanto también la capacidad de transmitir ese significado.

Ligado al día, a la luz, al calor, a la productividad, a la acción, al principio activo, el sol brilla con luz propia y es un elemento indispensable para la vida. Más adelante veremos, en cambio, cómo la luna brilla con luz reflejada, aquella que el sol, con su actividad, le envía. Su papel estará, por lo tanto, ligado simbólicamente a la pasividad, ya que debe recibir para poder, a su vez, irradiar su débil luz.

Significado psicológico del símbolo

La imagen del sol, relacionada con arquetipos aún profundamente radicados en el inconsciente humano, representa el principio masculino que hace productiva y fértil a la parte femenina, es decir, la tierra. Está vinculada también con la seguridad, ya que garantiza el sustento; es, por lo tanto, el símbolo del padre ideal.

La figura paterna, simbolizada por el sol, puede representarse como un astro que brilla en el cielo con sus rayos de oro, con los colores que irradia, que todo lo llena de vida y que, como el metal precioso, da riqueza, poniendo, por consiguiente de manifiesto que el sujeto percibe a la figura paterna como tranquilizadora.

Veremos, en cambio, que añadir al dibujo algunos elementos que reducen u oscurecen la potencia del astro pueden denunciar una merma en la complicidad con la figura paterna; por ejemplo, unas nubes negras y amenazadoras, que muestran a un padre temido o rechazado, de la misma forma en la que un sol oculto por montañas pone de manifiesto la imposibilidad de llegar hasta él o, si aparece en la parte izquierda, el dibujo estará cargado de señales regresivas.

Como ya hemos visto, el sol simboliza al héroe, al guía, al salvador, a lo divino, y representa el estímulo para crecer, la aspiración que todo niño tiene a imitar al padre, al que ha idealizado en su interior.

En la edad evolutiva el símbolo sirve de unión entre la psique individual y los arquetipos del inconsciente colectivo. Al niño parece no interesarle saber si el sol sale por la mañana y se pone por la noche, pero la repetición de este suceso, percibida de forma inconsciente, se convierte para él en un verdadero «acontecimiento psíquico personal». De esta forma, cualquier casualidad aparente a la hora de representar estos símbolos se transforma, por el contrario, en una digna y auténtica expresión de la vivencia interior del dibujante, compuesta por gratificaciones y frustraciones, alegrías y penas, desmotivaciones y esperanzas.

Hay que recordar también un símbolo antiguo, el de Zeus, rey de los dioses que con los tres rayos que lo caracterizan representa las tres fuerzas que intervienen en el camino del hombre: el riesgo, el destino y la providencia.

El análisis del símbolo solar en el dibujo infantil nos ofrecerá la posibilidad de observar, a menudo de forma evidente e inequívoca, la forma en que el niño ve a la figura paterna y la ayuda que espera de ella.

El símbolo en el dibujo

En los dibujos de niños de cualquier edad es frecuente encontrar la representación espontánea del astro solar. Se dibuja de diferentes formas, cada una de las cuales tiene un significado preciso y proporciona al educador y a los progenitores indicaciones útiles para comprender cuál es la relación que une al niño con su padre.

Hay que prestar especial atención al tipo de representación del rayo, símbolo de la fuerza suprema creadora. Los rayos simbolizan la energía vital, el poder, la emanación de fuerza que el sujeto absorbe; se puede afirmar que encarnan el medio que permite que los hijos «asimilen» el fuego del amor que proviene del padre-sol.

La elección de representar un sol sin rayos denuncia la falta de esta luz fundamental que calienta el corazón. Por otra parte, es importante que el padre sepa dosificar su propia fuerza para permitir a su hijo crecer de forma serena y equilibrada, sin ser abrumado por una figura paterna demasiado intrusiva.

Rayos en forma de flecha, símbolo de agresividad

Hay niños que tienen una relación de escasa confianza con un padre que no se interesa por sus problemas y lo delega todo en la madre que, por lo tanto, es percibida por el niño como demasiado impositiva. Al representar los rayos de sol como flechas, el niño expresa este malestar, es una forma de denunciar, inconscientemente, la incapacidad paterna de infundir en él calor y sentimiento de protección, y esto puede contribuir a que el pequeño se vuelva agresivo. Rayos, relámpagos y flechas representan la luz que puede iluminar, pero también una fuerza potencialmente destructiva (figura 7).

Rayos dorados, símbolo de un padre ideal que «da calor»

El niño que dibuja un sol con rayos dorados nos comunica que siente que su padre responde a sus exigencias y sabe estar vigilante y atento; el pequeño percibe todo el calor y la fuerza vital que emanan del padre y que le infunden una seguridad que le permitirá adquirir autonomía y confianza en sí mismo (figura 8).

Figura 7. En este dibujo hecho por Federico, de seis años y seis meses, el sol está representado con rayos sin color con forma de flecha, lo que denuncia la presencia de una agresividad latente hacia la figura paterna.

Figura 8. Los rayos dorados del sol dibujado por Nicholas, de diez años y ocho meses, expresan todo el calor que el pequeño siente que recibe de su padre.

Fig. 7

CHOLAS

Fig. 8

El recuerdo indeleble de un padre de este tipo lo acompañará durante toda la vida y representará siempre para él una fuente de felicidad y seguridad. También le proporcionan un ejemplo sobre cuya base podrá, cuando se convierta a su vez en padre, moldear sus propias elecciones educativas.

Sol sin rayos, símbolo de un padre incapaz de «dar calor»

Al dibujar un sol sin rayos, el niño nos comunica que siente a su padre poco presente, frío, incapaz de responder a sus exigencias ligadas con el crecimiento (figura 9). Es una carencia que puede interferir en su carácter, desde el momento en que el pequeño no puede contar con la fuerza y el calor fundamentales de la presencia paterna. Algunas inhibiciones o inseguridades nacen precisamente de la percepción por parte del niño de la falta de fuerza viril en su padre, una constatación que puede llevarlo a volverse apático al enfrentarse con la realidad que lo rodea, a perder fuerza y vitalidad, hasta el punto de que toda su existencia podría parecerle apagada y carente de interés.

Sol dibujado con colores suaves, símbolo de un exceso de sensibilidad

Este tipo de representación del sol denuncia una personalidad sensible, que puede expresarse con comportamientos tímidos e inhibidos (figura 10). El escaso umbral de tolerancia a las frustraciones a menudo hace que los más jóvenes sean excesivamente tímidos y susceptibles; hace falta poco para herirlos o para desencadenar en ellos reacciones que denotan una escasa confianza en sí mismos, lo que contribuye a que estén especialmente deseosos de gratificaciones afectivas por parte de los demás.

La falta de estas gratificaciones, sobre todo por parte del padre, puede provocar en el niño una agresividad silenciosa, dirigida principalmente hacia la figura paterna, a la que percibe como principal culpable de tal condición.

Rayos de un rojo marcado, símbolo del eros y de un instinto agresivo

El niño que pinta un sol con un rojo marcado expresa, por un lado, el deseo de afrontar con determinación las dificultades con las que se encuentra a lo largo de su camino de crecimiento y, por otro, una cierta agresividad hacia una figura paterna temida y difícil de abordar; se trata, en general, de un padre idealizado y, por lo tanto, «demasiado alto» como para que sea alcanzable. Lo percibe como omnipotente, no presta la debida atención a las exigencias de su hijo y parece mostrar casi fastidio ante sus peticiones. Estamos probablemente ante un padre imperativo que, sin tener en cuenta la naturaleza de su hijo, lo quiere «a su imagen y semejanza», generando así en él agresividad y competitividad malsana (figura 11).

Figura 9.   El mensaje que nos comunica el sol sin rayos dibujado por Zaira, de siete años, es que el beneficioso calor de este astro, y por lo tanto del padre, a quien representa, no llega a calentar a esta niña, ni a infundirle seguridad.

Figura 10.   Un sol así de pálido no puede llegar a calentar el corazón de Rebecca, de ocho años, que con este dibujo expresa la necesidad de una mayor cercanía con el padre.

Figura 11.   La predominancia del color rojo en un dibujo siempre es señal de agresividad; en este caso, el sol rojo con muchos rayos, del mismo color y bien evidentes, diseñado por Michele, de cinco años, expresa la agresividad y el resentimiento que el niño experimenta hacia la figura paterna.

Fig.

Fig. 10

REBECCA

Fig. 11

MICHELE

Rayos apenas marcados, símbolo de temor hacia el padre

El sol dibujado de esta forma muestra que el padre, quizás por miedo a ser demasiado invasor, se muestra ante los ojos de su hijo como excesivamente reservado (figura 12). Se trata probablemente de un padre que casi teme imponer su propia presencia o asumir responsabilidades. Es lógico que una figura paterna de este tipo pueda dejar paso, como forma compensatoria, a una presencia materna excesiva que, sin embargo, no será «bastante», ella sola, para el hijo. El niño que dibuja un sol con los rayos apenas marcados revela que el fuerte y espontáneo impulso que siente hacia el padre se ve frenado por un sentimiento de pudor excesivo. Estamos, por lo tanto, en presencia de un conflicto entre un padre que teme expresar su propia autoridad y un hijo que está sujeto a este temor, y que se vuelve a su vez inseguro, taciturno y solitario.

Rayos muy pronunciados, símbolos del fuego

Este tipo de representación del sol pone de manifiesto la existencia de un problema opuesto al anterior: un sol con rayos exageradamente remarcados denuncia, de hecho, la presencia de un padre sobreprotector, muy eficiente, pero demasiado presente en la vida del niño (figura 13). Un padre que tiende a eliminar cualquier obstáculo, a resolver cualquiera de las dificultades con las que el pequeño puede encontrarse a lo largo de su camino, acaba por minar su seguridad y su confianza en su propia capacidad. Cuando el sol está demasiado cerca o es demasiado fuerte, puede hacer daño y, por lo tanto, simbólicamente, representa la abrumadora presencia de un padre que, con su propia «fuerza», puede bloquear el desarrollo del hijo, «abrasando» su potencial.

Sol negro, símbolo de luto y melancolía

En nuestra cultura el color negro es símbolo de mal humor, de melancolía y de luto (figura 14). Es el eclipse afectivo, un oscurecimiento del corazón del niño, para quien el mundo afectivo está marcado por experiencias negativas que pueden estar relacionadas tanto con el tipo de educación como con la falta de participación del padre en su vida.

La decisión de colorear de negro el sol podría denunciar también, sin embargo, un suceso traumático en la vida del pequeño, como la muerte del padre o incluso la ausencia total de la figura paterna en su existencia.

Rayos negros, símbolo de un malestar emotivo

Quien dibuja un sol amarillo pero con los rayos negros o usa el lápiz para representarlos expresa una dificultad a la hora de comunicarse con la figura paterna (figura 15). En este caso, el padre es demasiado taciturno y no permite una

Figura 12. El problema denunciado en este dibujo de Luigi, de once años, no es la falta de padre (de hecho, el borde del sol está bien marcado), sino la dificultad de tener contacto con él, simbolizada por rayos sutiles y pálidos que emanan del astro.

Figura 13. La felicidad que expresa todo el dibujo de Rachele, de seis años y cinco meses, se ve confirmada por un sol bien representado que, sin embargo, con sus rayos tan marcados y evidentes, denuncia que, a veces, la presencia del padre puede ser excesiva y crear un poco de tensión.

Figura 14. En el dibujo de Ludovica, de seis años, el sol está coloreado de negro, clara señal de que algo no funciona en la relación con su padre.

Figura 15. Aunque el sol dibujado por Matteo, de cinco años y nueve meses, es amarillo, la presencia de rayos negros denuncia que este sol no llega a calentar lo suficiente la vida del niño.

Fig. 12

Fig. 13

ESCUELA

Fig. 14

Fig. 15

relación de intercambio adaptada a las emociones de su hijo, que siente que algo falta en su crecimiento. Se trata de un padre incapaz de satisfacer la necesidad de calor propia de cualquier hijo, precisa para crecer de una forma sana desde el punto de vista emotivo.

Sol a la izquierda, símbolo de la predominancia de la figura materna

El sol situado en esta zona del folio (figura 16) indica que hay una confusión sobre los roles de los padres, que en el caso del niño puede generar una excesiva dependencia de la figura materna. La niña podría, en cambio, manifestar agresividad hacia quien ha asumido toda la responsabilidad educativa y afectiva, convirtiéndose, por lo tanto, en su único punto de referencia.

Es fácil encontrar esta posición del sol en los dibujos de niños que han pasado por la separación de los padres, sobre todo cuando, incluso de forma inconsciente, la madre ha llevado a cabo un proceso de desacreditación y «debilitamiento» de la figura paterna, haciendo que el niño asuma el papel de «hombre de la casa» («Ahora eres tú el cabeza de familia»). No hay nada más erróneo ni inadecuado para un crecimiento sano.

Sol cubierto por nubes, símbolo de distanciamiento o escasa comunicación

El sol cubierto o rodeado de nubes indica que al niño le cuesta aceptar una figura paterna que le crea ansiedad, quizás por culpa de la escasa comunicación que no es extraño que surja durante los primeros años de vida (figura 17). Se trata de un dibujo que pone de manifiesto una especie de nostalgia la cual crea en el niño o en el adolescente un deseo de reconciliación acompañado, sin embargo, por el temor de una posible reacción negativa por parte del padre.

Las nubes, que evocan a la lluvia, simbolizan el llanto contenido, un llanto al que el niño difícilmente dará salida, hasta el punto de que algunas sonrisas repentinas o ciertas risas sin sentido típicas de algunos niños son, a menudo, una forma de enmascarar o sofocar «el llanto del alma».

Sol antropomórfico, símbolo de la búsqueda de una identidad sexual precisa

El sol representado como una cabeza, con grandes ojos y boca, muestra la presencia en el dibujante de una agresividad velada al enfrentarse a una figura paterna que, a ojos del hijo, parece carente de autoridad. Una carencia que, inevitablemente, repercute en el crecimiento de los hijos, sobre todo varones, para los que la identificación con el padre es fundamental para alcanzar una correcta identidad sexual (figuras 18 y 19). Además, la boca grande puede señalar una fase oral no superada, el instinto y la necesidad de satisfacción inmediata. Los ojos, en cambio, se corresponden con el deseo de aprender, de ver la realidad con los propios ojos y, finalmente, de superar la fase de dependencia para relacionarse con el mundo exterior. En general, la representación de una cabeza demasiado grande es indicador de un sobreesfuerzo intelectual y un saber superficial excesivos. Se trata de un mensaje dirigido al mundo adulto para que adopten líneas educativas más respetuosas con los ritmos propios del niño, deseoso de vivir con mayor tranquilidad las fases del crecimiento.

Sol con la lengua fuera, símbolo de una sexualidad no resuelta

El sol representado como un rostro y con la lengua fuera muestra que la sexualidad incipiente se vive, por temor al castigo, con sentimiento de culpa. Esta expresión en concreto puede tener diferentes valores, aunque todos son, sin embargo, indicadores tanto de un deseo de compensación (burla, broma, humor fingido, ironía) como de competición con un padre a quien el sujeto no tiene demasiado aprecio (figura 20). Un padre poco estructurado éticamente suscita siempre en el joven sentimientos ambivalentes, o un deseo de emulación acompañado, al mismo tiempo, de una falta de estima.

Figura 16. En el dibujo de Alessandro, de seis años, el sol, que representa al padre, debería encontrarse a la derecha, posición que simboliza el futuro, lo masculino y la realización social.

Figura 17. Un sol parcialmente cubierto o rodeado de nubes no llega a irradiar toda su luz y su calor. Con este dibujo, Lorenzo, de ocho años y nueve meses, señala la presencia de un malestar en su relación con su padre debido a un distanciamiento excesivo.

Figura 18. Luca, de seis años, ha dibujado un sol con los rasgos de un rostro humano, denunciando la escasa autoridad que el padre tiene a sus ojos.

Figura 19. La presencia de un doble sol y el hecho de que Olivia, de tres años y diez meses, haya usado el mismo color amarillo para dibujarse a sí misma y a su padre, mientras que para la madre ha empleado el azul, indica que la niña se encuentra en la fase edípica, es decir, de enamoramiento hacia el padre. De hecho, la madre afirma que Olivia «está loca por su padre». Se trata de una fase natural, aceptada por la madre sin ningún tipo de celos.

Figura 20. Es posible que el padre de Giuseppe, de seis años y dos meses, representado simbólicamente por el sol con la lengua fuera, sea demasiado bromista o juguetón y que, por lo tanto, no pueda representar para el hijo un modelo capaz de transmitirle seguridad y confianza.

Fig. 16

Fig. 17

Fig. 18

GIOVEDI 19 NOVEMBR

SOLE SPLENDE

SORRIDENTE

Fig. 19

Fig. 20

La luna

Origen del símbolo

La luna siempre ha ocupado la imaginación de poetas y escritores, quienes la han considerado musa del amor. Si el sol es el emblema de la fuerza productiva que favorece el crecimiento operativo y efectivo, la luna simboliza la fuerza generativa ya que, al representar a la mujer, hace que nazca vida en ella misma.

Significado psicológico del símbolo

Debido a la correlación que existe entre el ciclo lunar y el ciclo menstrual de la mujer, la luna asume una clara analogía con el mundo femenino. Es bastante raro que los chicos representen en sus dibujos a la luna —lo cual es un indicio del impulso natural e impetuoso de crecer y de salir del «letargo de la noche» (el seno materno), típico de la edad evolutiva—, para dirigirse hacia un camino más activo, como el marcado por el sol que da fuerza y vitalidad autónoma. ¡Antiguamente a los niños más débiles se los exponía al sol para fortalecerlos físicamente!

El símbolo en el dibujo

La luna es símbolo de paz y evoca la idea de la periodicidad y de lo cíclico. En los dibujos aparece sobre todo en la fase adolescente, cuando el proceso de adquisición de una identidad sexual bien definida puede preocupar al joven que aún no ha aprendido a aceptarla y a vivirla serenamente, sin saber cómo definirse respecto a ella.

La luna, que forma parte de la simbología sexual femenina, cuando es dibujada por un varón puede indicar una cierta dificultad a la hora de aceptar su propia sexualidad. Se trata de un mensaje útil para comprender la sensibilidad del dibujante y para ayudarlo a orientarla correctamente; es importante, de hecho, aceptar los matices pertenecientes a una sensibilidad que erróneamente está considerada una característica exclusivamente femenina, pero que en realidad señala un potencial creativo que se debe cultivar y valorar. Durante nuestra labor de orientación nos encontramos con muchas personas que no se sentían realizadas por culpa de una decisión errónea a la hora de escoger los estudios, ya que habían tenido en cuenta solamente razones económicas o el deseo de sus padres y no el desarrollo de su potencial creativo.

Luna llena, símbolo del ritmo y de lo cíclico

Al tratarse de un astro nocturno, la luna evoca las tinieblas, lo oscuro y el inconsciente, por lo que, como arquetipo, está ligada a la noche.

La representación de la luna llena puede revelar una preocupación del niño relacionada con la aceptación de su propia sexualidad y con las responsabilidades que derivan de ella (figura 21). No es casual que algunos de los ritos de iniciación juveniles que llevaban a cabo las tribus antiguas se realizaran en un claro de luna y expresaran el fin de la infancia y la entrada definitiva en el papel de adulto.

Sobre todo en la edad adolescente, el hecho de perfilar una identidad sexual precisa puede producir en el sujeto ansiedad y miedo a definirse también a partir del aspecto físico, que en esta fase del desarrollo psicofísico juega un papel muy importante. La necesidad de gustarse es, a menudo, incluso más importante que los resultados escolares.

Luna creciente, símbolo de lo incompleto

La luna creciente señala simbólicamente una carencia que debe subsanarse y que pone, por lo tanto, de manifiesto una interferencia emotiva que hace sufrir al pequeño dibujante (figura 22).

Luna antropomórfica, símbolo de la búsqueda de una identidad sexual precisa

La representación de la luna con un rostro dibujado en su interior, tanto llena como creciente, casi siempre señala simbólicamente que la figura materna no está bien definida en la psique del niño (figura 23). Se trata, a menudo, de madres que desautorizan al padre y que asumen su papel, haciendo que el proceso de crecimiento del pequeño sea más difícil. No es extraño, en estos casos, que los chicos adopten, sobre todo al abordar a los adultos, comportamientos que les «sirven» para mentirse a sí mismos, para aliviar el sufrimiento ligado a la inestabilidad afectivo-emotiva acaban por convertirse en antihéroes, o adoptan el papel de bufón o de bromista.

Naturalmente, para interpretar de forma correcta el dibujo de la luna, como en el caso de cualquier otro dibujo, es necesario examinar todos los elementos representados por el niño (figura 24).

Figura 21. El hecho de que en este dibujo de Andrea, de cinco años y ocho meses, aparezca la luna llena puede ser señal de un estado de ansiedad relacionado con el propio desarrollo psicofísico y con la aceptación de la propia identidad sexual. No es casual que el niño afirme: «Quiero ser una niña porque me gustan las cosas de mamá».

Figura 22. La identidad de Giulia, de doce años, no está aún bien estructurada, y el dibujo con la luna creciente, que representa la inconstancia de las fases lunares, sirve precisamente para remarcarlo.

Figura 23. Como ya hemos visto en lo que respecta al sol, el antropomorfismo del astro nocturno, representado así en el dibujo de Mattia, de siete años, revela que el proceso de definición de una identidad sexual precisa aún no ha concluido.

Figura 24. En el dibujo de Camilla, de cinco años y siete meses, vemos la luna creciente y estrellas a su alrededor, representadas todas con aspecto antropomórfico y con el rostro sonriente, característica que señala una correcta unión con la madre y una sensibilidad exquisitamente femenina. Esto se ve confirmado también por la casa que, al tener una chimenea humeante, indica que Camilla siente que vive en un ambiente animado y tranquilo.

Fig. 21

Fig. 22

Fig. 23

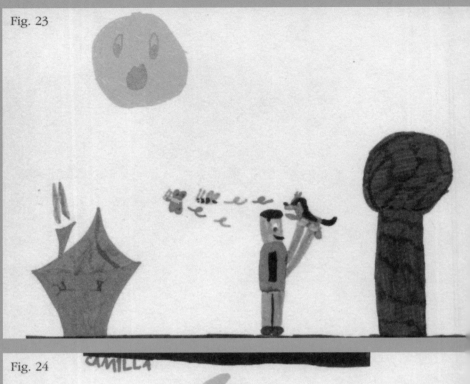

Fig. 24

El arco iris

Cuando se escribe sobre mujeres
hay que mojar la pluma en el arco iris.

DENIS DIDEROT

Origen del símbolo

El arco iris, que asume un significado distinto en los diferentes mitos y leyendas, forma parte de aquellos fenómenos naturales maravillosos y misteriosos para el hombre primitivo.

En la mitología griega, el arco iris estaba considerado un fenómeno atmosférico fascinante producido, como tantos otros, por los dioses. En la mitología china, era una especie de corte en el cielo del que manaban los siete colores. En la Biblia es un símbolo del pacto entre el hombre y Dios; la prueba es su aparición después del diluvio universal.

En cualquier caso, representa un puente, una unión entre el cielo y la tierra, entre lo humano y lo divino.

Fig. 25

Fig. 26

Significado psicológico del símbolo

El arco iris aparece después de un temporal, anunciando el buen tiempo. La variedad de sus colores, que se difuminan uno en el otro, y su anchura, que abarca todo el cielo, siempre han ocupado la fantasía, no solo de los niños, sino de todos los seres humanos. Su aparición parece tener algo de mágico, de protector, de alegre, de misterioso y de espiritual.

El símbolo en el dibujo

«El arco iris es bello como un ángel», dijo un niño mientras lo coloreaba. Al representar el arco iris, el dibujante expresa una necesidad de protección y de seguridad, ha sucedido algo que lo ha turbado, pero que ya ha pasado. Este símbolo señala también la búsqueda de consuelo ante las dificultades y ante los eventuales inconvenientes que el pequeño pueda encontrar en el mundo exterior, para salir a afrontar la realidad con serenidad y dicha (figuras 25 y 26).

Figura 25. Cuando en el cielo aparece el arco iris, como en este dibujo de Francesco, de siete años, el niño señala su necesidad de sentirse protegido para crecer de una forma armoniosa y de lograr afrontar con confianza las dificultades que se presentan a lo largo de la vida.

Figura 26. También el arco iris de Giuseppe, de diez años y siete meses, señala la necesidad de protección afectiva por parte de sus seres queridos, evidenciada también por la presencia de una bandada de pájaros (que revelan que el pequeño quiere seguir aferrado a la familia porque aún es pronto para alzar el vuelo en solitario) y por los botones en la ropa que viste (otro elemento que indica una fuerte unión con la familia, y especialmente con la madre). Esta necesidad enmascara asimismo cierta ansiedad, que podemos percibir gracias a la presencia del agujero negro en el tronco del árbol.

El agua

El agua no se detiene ni de día ni de noche.
Si circula por la altura, origina la lluvia y el rocío.
Si circula por abajo, forma los torrentes y los ríos.
El agua sobresale en hacer el bien.
Si se le pone un dique, se detiene.
Si se le abre camino, discurre por él.
Por eso se dice que no lucha.
Y sin embargo, nada la iguala
en romper lo fuerte y lo duro.

Lao-Tse

Origen del símbolo

El agua, símbolo femenino y materno por excelencia, adquiere también una connotación sagrada de purificación, basta con pensar en los ritos bautismales, en el neonato que sale de las aguas maternas, en la Venus que surge de las aguas, etc. Este líquido participa de forma simbólica en la idea de fecundación.

Es un símbolo que remite al inconsciente, es decir, a lo profundo, a lo misterioso, al espíritu que «flota sobre las aguas», a expresiones míticas como «salido de las aguas» o «salvado de las aguas» (refiriéndose a Moisés). Esto explica la veneración que los antiguos profesaban hacia este elemento de vida.

Significado psicológico del símbolo

El niño que representa el agua en un dibujo nos comunica que su mente es vivaz y fecunda, dúctil y plástica, sensible a las cuestiones espirituales, dispuesta a crecer y a reafirmarse, pero que también puede sufrir si surgen pequeños malestares relacionados con el «renacimiento psíquico» los cuales pueden perturbar la paz interior.

La representación del agua por parte del niño se presta a una doble interpretación, se puede entender como un elemento purificador —en este caso, es símbolo del estado de bienestar del pequeño— o como un elemento amenazador, sobre todo si se dibuja en forma de nube cargada de lluvia —en ese caso, expresa el temor a la regañina, y es señal de hipersensibilidad y de escasa tolerancia a la frustración, la cual puede generar ansiedad.

Es frecuente que el agua, los ríos o los lagos sean representados por niños que sufren de enuresis nocturna o que se encuentran en un momento regresivo.

Precisamente en virtud del valor dual y contradictorio de este símbolo, es aún más importante tener en cuenta en su interpretación el contexto en el que se ha realizado el dibujo y conocer de una forma más profunda a su autor.

El símbolo en el dibujo

Son diferentes las formas en las que el agua se dibuja gráficamente: mares, ríos, lagos, lluvia o nieve. A menudo se representa solamente con líneas onduladas o pequeñas líneas verticales, ligeras, esbozadas o como puntos, generalmente de color azul o celeste.

El agua simboliza esencialmente la necesidad del dibujante de llenar un vacío y representa una naturaleza sensible y un mundo interior que no está del todo tranquilo. Todos los símbolos relacionados con el agua son símbolos de purificación y de sensibilidad, de un sentir vinculado con el mundo de la espiritualidad.

El río, símbolo de espontaneidad y capacidad para superar las dificultades

El niño que dibuja un río que discurre y sin piedras señala que dispone una buena energía vital, que le permite superar los obstáculos con seguridad (figura 27).

En cambio, la presencia de rocas en el curso del río pone de manifiesto que el pequeño está atravesando un momento de malestar causado por los cambios que, inevitablemente, plagan el proceso de crecimiento (figura 28).

El lago, símbolo de la unión con la propia madre

Cuando un niño dibuja un lago, señala que se encuentra en un momento de regresión, un deseo de volver al pasado, cuando su imagen se reflejaba en el rostro de su madre, en la que era posible delegar cualquier inconveniencia y responsabilidad (figura 29). Es, sin duda, un mensaje lanzado al adulto para que le preste más atención en un momento en el que el niño querría, inconscientemente, volver a ser pequeño, atrapado en un momentáneo «síndrome de Peter Pan».

La representación frecuente de lagos más o menos grandes coincide a menudo con la manifestación de formas regresivas, como la aparición de la enuresis nocturna.

El mar, símbolo de huida, de deseo de evasión, de impulso hacia metas futuras

El niño que dibuja a menudo el mar, con o sin barcos, nos comunica que siente que los muros de la casa y del colegio son demasiado estrechos para él (figura 30). Posee un carácter muy vivaz, se inclina especialmente hacia la aventura y le cuesta mucho estar encerrado horas y horas en el aula del colegio. Su enorme fantasía podría crearle problemas de concentración pero, al mismo tiempo, puede ayudarlo a desarrollar creatividad y originalidad de pensamiento.

La lluvia, símbolo de fertilidad

La lluvia es símbolo de fertilidad, ya que refresca la tierra y la prepara para la siembra y la consiguiente vegetación, por lo que se considera un elemento benigno (figura 31).

Figura 27. En el río dibujado por Alessandro, de seis años y un mes, el agua discurre sin impedimento alguno, mostrando la espontaneidad de su carácter.

Figura 28. El río diseñado por Federico, de cinco años, donde las rocas impiden el libre fluir del agua, creando remolinos y rápidos, señala que está atravesando un momento en el que la dificultad de crecer le crea bastantes problemas.

Figura 29. El agua de por sí simboliza la relación con la madre; si se representa bajo la forma de lago, como en el dibujo de Egidio, de seis años, puede indicar un momento regresivo y la necesidad de un abrazo.

Figura 30. Matteo, de cinco años y tres meses, al dibujar el mar, tan inmenso que parece infinito, muestra su deseo de viajar y de evadirse.

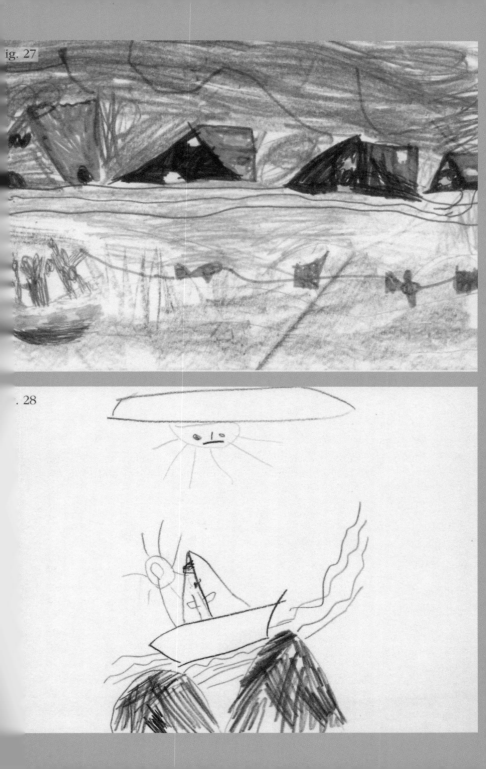

ig. 27

. 28

Fig. 29

Fig

Se puede pensar en el neonato que sale de las aguas maternas y en los diferentes ritos de purificación presentes en toda cultura, todos los elementos que nos reconducen hacia la feminidad.

Así, en los dibujos infantiles la lluvia que cae puede indicar la ansiedad del pequeño por tener que separarse de la madre, o la dificultad del adolescente a la hora de aceptar las transformaciones que tienen lugar en él, que lo empujan, como mecanismo de defensa, a una especie de regresión que se puede interpretar claramente como un reclamo afectivo ante los adultos.

Si la lluvia se dibuja con trazos marcados, o si está acompañada por grandes nubes negras, expresa temor y ansiedad por un momento de sufrimiento que puede interferir en el desarrollo armonioso del pequeño (figura 32).

En cualquier caso, la lluvia evoca siempre algo que perturba al niño, provocando en él tensión o frustración. Puede tratarse, por ejemplo, del nacimiento de un hermano, de un ingreso hospitalario, del deseo de sentir más afecto por parte de sus seres queridos o de pasar más tiempo con ellos.

La nieve, símbolo de frío y de felicidad

Cae, cae, silenciosa, cubre los campos y las cabezas,
Los pajarillos, con frío, se resguardan para dormir.
No encuentra obstáculos, adorna con su pureza,
Con la nieve del Señor apartamos
cualquier pensamiento de la cabeza.

CANCIÓN POPULAR ITALIANA

La nieve, que aparece muy raramente en los dibujos de los niños, puede mostrar de forma simbólica tanto la dicha y la alegría del pequeño como una «helada afectiva» que

Fig. 31

Fig. 32

Fig. 33

Fig. 34

genera ansiedad en él. Para poder interpretar correctamente este símbolo es, por lo tanto, necesario examinar el dibujo al completo y conocer la historia personal del dibujante (figura 33).

La nieve puede representar una necesidad de huir para evitar la ansiedad y la soledad, pero también una búsqueda de calor, de aquel abrazo cálido y de aquel afecto sólido que solo papá y mamá pueden y saben dar, más allá de un periodo transitorio de dificultades en su relación con ellos. Es la misma sensación que la nieve produce cuando se coge con la mano, primero se siente el frío, pero inmediatamente después este frío parece calentar y, a veces, incluso quemar.

La nieve está incluida a menudo en la poesía para niños. Jugar con ella sigue ejerciendo una enorme fascinación en los pequeños, a pesar de que hoy en día dispongamos de una enorme variedad de juguetes (figura 34). Hacer bolas de nieve, construir un muñeco o tumbarse sobre la nieve fresca para dejar la huella del propio cuerpo son formas de diversión que no dejan de procurar placer incluso entre los adultos.

Figura 31. En este dibujo de Gaia, de cuatro años y diez meses, la lluvia cae, mientras en el cielo brilla un bonito sol, rociando tierra y vegetación.

Figura 32. En este dibujo de Thomas, de seis años y once meses, la lluvia que cae, intensa y abundante, muestra que el niño está viviendo un momento de ansiedad.

Figura 33. Para comprender cuál es el significado que se atribuye a la nieve representada por Samuele, de cinco años y cinco meses, hay que observar atentamente también el resto de los elementos que aparecen en el dibujo, en especial el árbol completamente desprovisto de hojas y el paisaje desolado, que revelan algo de tristeza y melancolía.

Figura 34. La nieve es siempre motivo de alegría para los niños. Al dibujarla, Nicolò, de cinco años, representa con fantasía la alegría de la época navideña, en este caso la nieve no simboliza el hielo, ya que junto a ella aparecen regalos, expresión del afecto de los padres.

Las montañas

Las montañas son el principio y el fin
de todo escenario natural.

JOHN RUSKIN

Origen del símbolo

La montaña representa algo misterioso y sagrado al mismo tiempo, tanto que a menudo aparece en los mitos como elemento significativo de algo que hay que alcanzar, explorar o conquistar.

Significado psicológico del símbolo

Las montañas, dibujadas a menudo por los niños, representan metafóricamente el seno materno y expresan, por consiguiente, devoción hacia la madre y la necesidad (también física) de sentirse reafirmado por ella. Pueden poner en evidencia la persistencia de una relación de fuerte dependencia hacia la madre que genera ansiedad en el niño, pero también el deseo de crecer y de poner a prueba sus propias capacidades.

Este símbolo puede señalar también una especie de afirmación-negación, relacionada con la aparición-desaparición del sol, que puede brillar entre dos «picos», como vemos a menudo en los dibujos infantiles. En este caso, las montañas representan una barrera que obstaculizan el acercamiento al padre, simbolizado por el sol, al que el sujeto percibe como lejano e inalcanzable debido, a menudo, a una excesiva protección por parte de la figura materna, que no favorece el contacto espontáneo con aquel.

El símbolo en el dibujo

Como hemos dicho, las montañas son muy frecuentes en los dibujos de los niños de todo el mundo, asumiendo las más diversas formas: desde colinas redondeadas hasta picos afilados. Para interpretar correctamente este símbolo, es necesario analizar el dibujo en su conjunto recordando, en cualquier caso, que las montañas constituyen una «presencia fuerte», una barrera que se interpone entre uno y el horizonte, entre cielo y tierra. Representan generalmente a una madre hiperprotectora, que puede usar el chantaje emocional para mantener a sus hijos cerca de ella (figura 35).

Montañas redondeadas o colinas, símbolo del seno materno
Las montañas dulcemente redondeadas que se extienden llenando horizontalmente el folio muestran a una madre hiperprotectora que, en un intento por salvaguardar a su hijo

Fig. 35

Fig. 36

de las dificultades y sacrificios, acaba por privarlo también de experiencias significativas y necesarias, manteniéndolo unido a su «seno que nutre». La relación que une a esta madre con su hijo es una dependencia que, si se prolonga demasiado, podría crear problemas en la adolescencia (figura 36). Este tipo de dibujo puede también poner de manifiesto que el niño siente una carencia motivada por un distanciamiento demasiado precoz de la madre, quizás por dificultades aparecidas durante la lactancia y el destete, que han dejado en el pequeño la nostalgia de gratificaciones procedentes del seno materno.

Montañas afiladas, símbolo de agresividad

El niño que dibuja a menudo montañas afiladas transmite un estado de tensión debido a la dificultad de liberarse de la relación de dependencia de la familia, o a la incapacidad de encontrar en sí mismo una mayor autonomía para enfrentarse con el mundo exterior (figura 37).

El sol entre las montañas

La aparición del sol (símbolo del padre) entre las montañas podría revelar dificultades en la relación con los progenitores: una madre, por ejemplo, que no permite entablar una relación más estrecha entre padre e hijo (figura 38).

Estas dificultades se hacen aún más evidentes con la forma afilada de las montañas entre las que despunta el sol (figura 39).

Fig. 37

Fig. 38

Fig. 39

Figura 35. El fondo protegido por una cadena de montañas muestra que Giada, de once años y cuatro meses, percibe que la figura paterna está poco presente, probablemente porque la madre, quizás de forma inconsciente, se presenta como una barrera entre padre e hija, interponiéndose en la formación de una relación sólida entre ellos.

Figura 36. Lucia, de once años, a través de este dibujo en el que aparecen unas colinas bonitas y redondeadas, nos dice lo fuerte que sigue siendo la relación de dependencia con su madre, mientras que el sol, parcialmente oculto por las nubes, revela que la figura paterna es bastante débil.

Figura 37. Al dibujar las montañas con los picos tan afilados, Simone, de nueve años, nos muestra un estado de tensión relacionado también con el deseo de crecer.

Figura 38. El dibujo de Caterina, de once años y cinco meses, en el que el sol está oculto tras unas montañas redondeadas que representan simbólicamente los senos de la madre, pone en evidencia que la figura materna es predominante, pero también que la niña logra recuperar, con su imaginación y su fantasía, la relación afectiva con el padre; de hecho, usa el mismo color para el sol-padre, para los cabellos de la niña y para la cometa.

Figura 39. En el dibujo de Andrea, de siete años y diez meses, el sol que despunta entre las montañas de picos afilados revela alguna dificultad en la relación con sus padres, y en particular con su madre, representada con tacones altos, símbolo de agresividad hacia esta figura por las exigencias, probablemente excesivas, que comunica con un tono poco afectuoso; los brazos del niño alzados hacia el cielo son una clara petición de ayuda.

Flores y frutas

Tres cosas nos quedaron del paraíso:
las estrellas de la noche,
las flores del día y
los ojos de los niños.

DANTE ALIGHIERI

Origen del símbolo

Las flores, desde siempre símbolo de la fugacidad, están relacionadas con la primavera; el fruto, en cambio, simboliza la constancia, duración y productividad. Las flores hacen referencia también a las ideas de sensualidad y belleza, mientras que en el mundo vegetal representan el órgano sexual reproductivo. La interpretación de estos símbolos cambia según el color usado, que nos permite conocer mejor la personalidad del dibujante; el amarillo, por ejemplo, muestra un carácter solar, el rojo es pasional, el azul está ligado al misterio y a lo imposible, el violeta es espiritual y místico, etc.

Significado psicológico del símbolo

Las flores y la fruta son expresión de fecundidad potencial, de un alma delicada, de sensibilidad, de sentido estético
y de amor por la naturaleza, todas ellas características ligadas
con el mundo femenino y con la tierra productiva y fecunda,
generosa al dar sus frutos.

El símbolo en el dibujo

A menudo, cuando dibujan, los niños tienden a llenar
todo el espacio del folio con formas y colores, casi como si
temiesen que el vacío se juzgara como revelador de una carencia afectiva o de una falta de sentimientos, algo que heriría
su sensibilidad (figura 40). La presencia de flores y de fruta
tiene un significado análogo en sus dibujos, tanto adornando
la copa de un árbol como representadas a sus pies o libre-
mente sobre el folio, las flores y las frutas indican, en todos
los casos, productividad, es decir, señalan la presencia de uno
o más talentos listos para manifestarse.

Flores en el suelo, símbolo de delicadeza

Es bastante frecuente, especialmente en los dibujos de
las niñas, encontrar árboles rodeados de florecillas que salen
directamente del suelo o adornando un prado. Las flores indican que quien las representa, además de amar a la naturaleza, tiene un alma delicada, sensible y romántica, incluso si
está impregnada de un vago sentido de la caducidad de las cosas (figura 41). Dibujar un árbol con flores a sus pies muestra que la infancia ha sido tranquila, que la madre ha sabido
transmitir felicidad y capacidad de maravillarse también ante

las cosas sencillas. La inversión afectiva del niño se dirige, en este caso, principalmente hacia el seno de la familia.

Flores sobre los árboles, símbolo de sociabilización productiva

Los niños que dibujan a menudo flores sobre los árboles revelan una sensibilidad especial y tienden a dar una enorme importancia a los sentimientos, a los que consideran un componente fundamental de su existencia. Su mayor aspiración consiste en establecer buenas relaciones con sus coetáneos, premisa para una sociabilización satisfactoria también fuera de la familia (figura 42).

En la relación entre el follaje y las flores se representa el matrimonio entre la «actividad» del principio masculino (el follaje) y la «receptividad» del femenino (las flores).

Fruta que cuelga de las ramas, símbolo de potencialidad creativa

La presencia de la fruta en la copa de los árboles es bastante frecuente en los dibujos de niños y adolescentes, pero no es raro encontrarla también en los árboles dibujados por personas adultas.

Si la fruta cuelga de las ramas, el dibujante manifiesta una buena creatividad (figura 43). Sin duda, se trata de una persona que ama la innovación y que no se contenta con lo que se le ha enseñado, porque cree que siempre hay algo nuevo que aprender y experimentar.

En la esfera afectiva y relacional preferirá entablar relaciones con personas de mente abierta y huirá de los conformistas. Si su impulso creativo no se ve frenado, es posible que obtenga buenos resultados escolares.

Fig. 40

Fig. 41

Fig. 42

Fig. 43

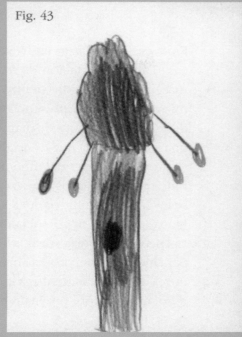

. 44

Fig. 45

Fruta que no cuelga de las ramas, símbolo de inseguridad

La representación de frutos que no cuelgan de las ramas, casi suspendidos dentro de la copa del árbol, indica, al mismo tiempo, la presencia de potencial pero también de dificultades a la hora de manifestarlo (figura 44). Se trata de una situación a la que es necesario poner remedio a tiempo, ya que si los dones del niño no son lo suficientemente valorados por los adultos que se ocupan de su educación, o si no se le da la oportunidad de desarrollarlos adecuadamente, los frutos, es decir, su potencial, podrían «pudrirse» en la planta y el pequeño podría «tirar la toalla», perdiendo la motivación para luchar por su propia afirmación. Los padres y los educadores deben estar atentos a la escasa o reducida eficiencia del niño, que siempre revela un bloqueo emocional.

Figura 40.   Cuando se le pidió que dibujara un árbol, Roberto, de cinco años, enriqueció la representación con el cielo, el sol, flores, setas, hierba y un caracol, detalles que revelan sensibilidad, un alma dulce e imaginación.

Figura 41.   La fila de florecillas, los corazones y las mariposas que decoran este dibujo de Riccardo, de cuatro años y ocho meses, son prueba de su alma sensible y delicada.

Figura 42.   El árbol lleno de flores que aparece en este dibujo nos muestra que Eleonora, de siete años, es una niña que tiene buena relación con sus compañeros y que se socializa con mucha facilidad.

Figura 43.   La fruta colgada de las ramas del árbol dibujado por Marco, de cinco años y siete meses, muestra que es un niño dotado de un potencial creativo óptimo y que solo necesita la ocasión oportuna para desplegarlo.

Figura 44.   El árbol dibujado por Laura, de diez años y seis meses, muestra buenos frutos que, sin embargo, no parecen colgar de las ramas, sino estar casi suspendidos dentro de la copa.

Figura 45.

Este modo de dibujar los frutos señala que la pequeña, a pesar de tener un potencial óptimo, aún no ha encontrado la forma de expresarlo y de desarrollarlo adecuadamente. El dibujo de Silvia, de trece años y cinco meses, pone en evidencia su óptimo potencial intelectual. Sin embargo, parece que, durante la infancia, a Silvia le ha faltado el alimento afectivo necesario, del que actualmente siente una especie de nostalgia representada por la «ausencia de raíces», que denuncia también alguna dificultad para comunicarse con su madre. Frustrada en su deseo de ser amada y recompensada, es como si tuviese miedo de implicarse excesivamente y de tener que volver a sufrir esa frustración. Hay que afrontar de forma gradual estos problemas para reforzar la autoestima y la confianza en sí misma de Silvia, que no se han desarrollado convenientemente. De hecho, no es su esfera intelectual, por otra parte rica (como muestra la fruta en la copa) lo que se cuestiona, sino la esfera afectiva, cuyas carencias pueden suscitar tensión y malestar, haciendo así que sea más difícil desplegar su potencial. ¡Sería un verdadero pecado que esa fruta (interpretada como potencial) no llegase nunca a madurar ni a recogerse!

El nido

A veces parece que no pasa el tiempo; es como una
golondrina que hace su nido en el canalón,
sale y entra, va y viene, pero siempre ante nuestros ojos.

JOSÉ SARAMAGO

Origen del símbolo

Podemos afirmar que se trata de la representación del seno materno transformado en un elemento de la naturaleza que, en cualquier caso, evoca el calor de la protección prenatal. Es, de hecho, aquel «lugar simbólico» al que el niño vuelve cuando la realidad presenta dificultades que le parecen insalvables.

Significado psicológico del símbolo

Se trata de la necesidad de calor y de protección, unida al recuerdo del «paraíso perdido» (la situación prenatal), que a menudo nos empuja a volver simbólicamente al vientre materno.

De hecho, es tan fuerte el recuerdo de la seguridad que el niño experimentaba cuando se encontraba en el líquido amniótico, y durante aquellos primeros meses de vida en los que la madre y su amor eran todo su mundo, que separarse resulta bastante difícil.

Pero el nido, símbolo de una protección que envuelve y consuela, representa al mismo tiempo una relación que «atrapa», es decir, que retiene, impidiendo que se asuman responsabilidades; estas se le piden a la madre, estableciendo una relación de dependencia que no obstaculiza el proceso de autonomía.

Esta necesidad excesiva de protección, este deseo de mantener una relación con la figura materna para continuar disfrutando de la «comodidad» afectiva y nutritiva que ella sabe dar, puede hacer que durante la adolescencia aparezcan formas de regresión que ralenticen o incluso impidan la conquista normal de la autonomía frente a las decisiones que el hecho de crecer comporta necesariamente.

El símbolo en el dibujo

La representación de un nido entre las ramas de un árbol, en su copa o dentro del tronco, habitado quizás por una ardilla, siempre es señal de que quien lo ha dibujado se encuentra en un momento regresivo, es decir, caracterizado por la necesidad de volver mental y simbólicamente a una época anterior, que se considera más gratificante (figuras 46 y 47).

Fig. 46

Figura 46. En este dibujo de Alessio, de siete años y cinco meses, la presencia de dos nidos, en los que también hay dos pollitos, nos comunica que el niño está viviendo un momento en el que la nostalgia de un periodo anterior de su vida, que considera más feliz o al menos más seguro, le hace desear volver a ser pequeño.

Figura 47. Con este dibujo, en el que el nido, con tres huevos dentro, está en la cima del árbol, Luca, de ocho años y ocho meses, nos comunica que se encuentra en un momento de regresión señalado además por la presencia de hojas cayendo. Las ramas del árbol, dibujadas como brazos que piden poder comunicarse con el mundo exterior, indican que dentro de la familia no existe el diálogo.

La cueva

No es sabio encontrar símbolos en todo aquello que el hombre ve.
Los símbolos plagan la vida de terrores.

ÓSCAR WILDE

Origen del símbolo

La cueva, la caverna o la gruta son elementos que forman parte del inconsciente colectivo porque es precisamente en estos lugares donde el hombre, en sus orígenes, ha vivido durante miles de años. En su memoria ancestral se ha creado, por lo tanto, este símbolo, cuyo significado continúa persistiendo también en el mundo moderno.

La cueva, dotada de un cargado simbolismo materno y femenino, representa el inconsciente y el lugar psíquico en el que nos refugiamos cuando la realidad nos asusta (figura 48). Es aquí donde se custodian los secretos más ocultos del alma, un lugar que se convierte, por lo tanto, en una especie de santuario.

Significado psicológico del símbolo

La cueva representa, al mismo tiempo, algo oscuro y un refugio donde uno se puede cobijar para protegerse de acontecimientos que se perciben como muy difíciles de afrontar. El niño que dibuja una cueva sin duda expresa metafóricamente un deseo de volver al útero, está viviendo una fase de regresión que puede impedir la realización de su potencial o aún se encuentra en un momento de «reposo», necesario antes de retomar el camino obligatorio del crecimiento.

Para poder interpretar de manera correcta este símbolo, obviamente hay que conocer bastante bien la forma en que el niño se enfrenta con la realidad. Se trata, por lo tanto, siempre de un símbolo que expresa las necesidades más ocultas del alma.

El símbolo en el dibujo

La representación de la cueva es bastante frecuente, especialmente en los dibujos de los niños más pequeños, que representan su propia casa como una cueva en cuyo interior sitúan a los personajes importante para ellos: en primer lugar, a sí mismos —expresión natural del egocentrismo del niño—, después la madre —objeto afectivo primario—. Solo ocasionalmente, y a menudo después de haber dibujado objetos que considera fundamentales, como la papilla o la cuna, añaden al padre (si se acuerdan...) y, aún más raramente, a los hermanos o hermanas.

La cueva lo envuelve y lo abraza todo, casi para tener cerca de sí todo lo que sirve y confiere seguridad (figura 49). Es en el fondo, por lo tanto, la expresión de la indecisión natural

ig. 48

ig. 49

que los niños pequeños sienten cuando tienen que afrontar las dificultades del crecimiento.

Figura 48. La cueva es el símbolo del calor reconfortante de la familia ante el peligro proveniente del mundo exterior, que en el dibujo de Matteo, de cinco años, asume la apariencia de un amenazador oso con zarpas enormes.

Figura 49. La madre dice que «Giorgio detesta a su hermana y es muy caprichoso», por lo que no siempre logra educarlo. Cuando se le regaña, se encierra en su habitación y no quiere hablar con nadie. Esta situación está representada por la cueva, entendida como un refugio y como fuente de protección. Giorgio es un niño sensible y retiene a su madre en la cueva casi para exorcizar los celos que siente hacia su hermana.

Los animales

La oca es el animal que simboliza la estupidez
por culpa de las tonterías
que los hombres han escrito con sus plumas.

ANÓNIMO

Origen y significado psicológico del símbolo

Los animales, tanto domésticos como salvajes, mansos o agresivos, son siempre expresión de los sentimientos más profundos del alma del dibujante. Aparecen con bastante frecuencia en los dibujos de los niños y de los adolescentes, ya que la edad evolutiva es rica en una imaginación vivaz y ferviente, pero también fácil presa de emociones vividas con profundo malestar.

Según el tipo de animal y la forma de representarlo, podemos comprender los sentimientos que el pequeño dibujante desea expresar, por ejemplo la ansiedad que deriva de los cambios repentinos o de las primeras experiencias, gratificantes o frustrantes, con las que el niño se encuentra a lo largo de su crecimiento.

Un estado emocional que provoque comportamientos agresivos es representado a menudo con animales feroces como el tigre, el león, la serpiente, el lobo, el cocodrilo, etc. En cambio, la necesidad de protección se expresa en general con la representación de animales dóciles como el gato, el perro, los pájaros, las mariposas, etc.

El símbolo en el dibujo

Aunque en la interpretación del dibujo hay que tener presentes, además de las características del animal, el ambiente en el que el joven vive, su carácter y su forma de reaccionar ante los problemas del crecimiento, el animal feroz siempre tiene un valor de agresividad expresa o implícita, mientras que el «manso» señala en todos los casos una naturaleza tierna y sensible.

Sucede a veces que algún niño, cuando se le pide que dibuje a la propia familia, prefiere, en cambio, representar una familia de animales. Este comportamiento denuncia generalmente la existencia de alguna dificultad en la relación con uno o más miembros de la familia, que acertada o erradamente, es considerado por el pequeño responsable de las frustraciones que sufre.

La serpiente, símbolo de sexualidad enmascarada

La serpiente, símbolo dotado de una evidente connotación fálica, es dibujada frecuentemente por el niño durante la pubertad o la adolescencia, comunicándonos de esta forma que su sexualidad está despertando (figura 50). Un despertar que no es raro que se viva con un poco de miedo, y no solo por las transformaciones repentinas típicas de esta fase, que afectan tanto a la esfera física como psicológica.

De hecho, determinadas connotaciones y juicios de tipo moral que siguen acompañando a la sexualidad hoy en día también contribuyen a aumentar los temores. Por ejemplo, la masturbación provoca un sentimiento de culpa, sobre todo por miedo al juicio de los adultos. Una niña o una joven podrán entonces entrar en conflicto con la madre, mostrando la aparición de un rechazo de su propia feminidad.

Pero, como muchos símbolos, tampoco este se presta a una única interpretación, de hecho, puede denunciar también un deseo de perfección, ligado a una competencia que, sin embargo, si se gestiona oportunamente, puede estimular al chico a dar lo mejor de sí.

No obstante, la serpiente está asimismo ligada a una figura paterna que se siente o se vive como castrante, un padre que no se comunica con su hijo, que pretende saberlo siempre todo y se presenta como omnipotente. Quien dibuja este animal podría entonces comunicar que percibe a su padre como una presencia frustrante y revelar una tendencia a darse por vencido. Entre padre e hijo puede nacer una rivalidad; el adulto debe darse cuenta de ello y rechazar o aceptar el desafío y la provocación que el joven lleva a cabo para evitar suscitar en él una rivalidad y una competitividad estéril.

El lobo, símbolo de miedo inconsciente

El niño que representa a un lobo a menudo lo percibe como un animal vil, capaz de hacer el mal. Es el caso de Martina, que cuando se le pidió que comentara su dibujo, explicó que el lobo malo es su papá, que siempre le grita y la asusta (figura 51).

Si no nos damos cuenta del evidente rechazo hacia el padre, como en el caso de este dibujo, y no se procede a eliminar las causas del malestar, la niña podría tener dificultades bastante serias en el futuro. De hecho, el rechazo de su propia identidad, tanto masculina como femenina, puede derivar precisamente de malestares de este tipo en el ámbito familiar.

Tigres y leones, símbolo de omnipotencia y agresividad

El león es el rey de la jungla y, como tal, puede denunciar, en el dibujo de un niño, un deseo de omnipotencia; el tigre, en cambio, representa la agresividad y a menudo lo dibujan niños que no siempre logran manifestar exteriormente su propia agresividad (figura 52).

Mediante la representación de animales feroces el dibujante indica también la presencia de sentimientos de rivalidad y de competición que, si no se superan, pueden generar instintos y transformarse en comportamientos dañinos para el crecimiento.

Figura 50.   La representación de la serpiente se encuentra fácilmente en el dibujo de los adolescentes, para señalar las dificultades del crecimiento, también sexual. Con este dibujo, Alessio, de nueve años y cinco meses, nos comunica que está viviendo un momento muy comprometido en el recorrido de su crecimiento.

Figura 51.   El lobo simboliza casi siempre el miedo, también consciente pero, sobre todo, inconsciente. En el caso de este dibujo, se le preguntó a Martina, de siete años y siete meses, qué había querido representar con su lobo, y ella respondió que a su padre. Un padre que, evidentemente, la asustaba.

Figura 52.   La elección de representar un animal nunca es casual. Por ejemplo, en este bonito dibujo de Davide, de diez años, el tigre es símbolo de agresividad, más o menos reprimida.

Fig. 50

Fig. 51

Fig. 52

El cocodrilo, símbolo de rabia, irritación y rivalidad contenidas

Este animal es símbolo de ferocidad enmascarada y latente, de agresividad hacia una figura considerada opresora. Además, al estar dotado de una connotación fálica, podría representar un mensaje dirigido principalmente a la figura paterna, a la que el niño percibe como rival y con la que le cuesta relacionarse.

Se trata en general de padres que alternan comportamientos rígidos con otros de extrema y aparente dulzura, durante los cuales no faltan tampoco las «lágrimas de cocodrilo». Al niño le costará identificarse con un padre de este tipo o tener con él aquella sana complicidad que se halla en la base de un desarrollo equilibrado (figura 53).

El caballo y el toro, símbolos del despertar sexual

Es más frecuente que los chicos representen al caballo que al toro, aunque ambos animales están simbólicamente relacionados con la potencia viril, con el despertar sexual y el temor a no saberlo gestionar (figura 54). A veces, en niños de temperamento vivaz y de físico fuerte, estos instintos podrían generar ansiedad y, por lo tanto, el deseo de regresar en el tiempo para quedarse en el tranquilo mundo infantil.

Se percibe en ellos un miedo ligado al rápido discurrir del tiempo, que los empuja a crecer y, por lo tanto, a

Figura 53.   Luca, de cuatro años, explica que ha dibujado un cocodrilo, denunciando así la presencia, a pesar de ser tan pequeño, de sentimientos de rivalidad hacia la figura paterna, frente a la cual alimenta también algún temor.

Figura 54.   El caballo dibujado por Angelica, de siete años y nueve meses, muestra que la niña percibe, incluso de forma inconsciente, el despertar de su propia sexualidad.

54

cavallo

«galopar» por la pradera de la vida, aún tan misteriosa y desconocida. La cercanía afectiva de los padres y el apoyo que deriva de ella pueden ayudarlos a exorcizar esos miedos, empujándolos a aceptar los grandes cambios fisiológicos y psicológicos que comporta el crecimiento y a asumir gradualmente las nuevas responsabilidades.

El gato, símbolo de pereza y dulzura

El gato representa simbólicamente algo delicado, lánguido y perezoso; en efecto, ronronea pero si se le molesta no duda en sacar también las uñas (figura 55).

El que dibuja a este animal a menudo posee un carácter sensible y delicado, aprecia los mimos, sobre todo los de la madre, y ama su propia casa, en la que busca calor y tranquilidad. Pero cuidado con provocarlo con imposiciones excesivas o comportamientos agresivos porque, en ese caso, sacará las uñas y responderá con palabras mordaces.

El perro, símbolo de fidelidad y amistad

Nadie mejor que los niños saben que el perro puede ser el mejor amigo del hombre y no es casual que la petición de tener un perro como compañero de juegos sea bastante frecuente entre los pequeños.

El niño que dibuja a este animal pone de manifiesto una naturaleza afectiva y una necesidad de sentirse tenido en cuenta cariñosamente. Los tipos de representación proporcionan, además, señales más importantes para comprender la naturaleza de las relaciones entre el dibujante y sus familiares.

Un perro sentado a los pies de uno de los padres señala la necesidad de establecer una forma de complicidad con esta figura; si se vuelve de forma amenazadora hacia un miembro de la familia, indica que hay agresividad hacia esa persona. El perro con una correa pone en evidencia el control que el adulto ejerce sobre el dibujante (figura 56).

Los pájaros, símbolo de ternura

Es muy frecuente que en los dibujos de los niños o los adolescentes, independientemente del sexo del que los efectúa, aparezcan pájaros que vuelan en el cielo. Realizados a menudo de forma sencilla, a veces llenan toda la hoja.

Simbólicamente indican dulzura y delicadeza, y expresan una petición de mimos y ternura por parte de mamá y de papá. Los pájaros, así como las ardillas dibujadas sobre una rama o dentro de un nido, son una clara señal de que aún no se quiere abandonar el paraíso de la infancia, de que se viene de una situación hiperprotectora y se teme el momento en el que sea necesario volar hacia una realidad más adulta (figura 57).

Figura 55. Quien dibuja gatos a menudo, como Vincenzo, de ocho años y un mes, posee un carácter sensible pero, al mismo tiempo, es capaz de rebelarse para afirmar sus ideas y su personalidad.

Figura 56. No siempre el perro es símbolo de bondad y de afecto, en este dibujo de Emilia, de once años y cinco meses, el hecho de que dos perros estén enfrentados muestra la presencia de agresividad.

Figura 57. Con este dibujo en el que aparecen tantos pájaros, incluso dibujados con una sencilla línea, Davide, de once años, nos comunica su índole dulce y delicada, pero también su necesidad de más mimos y atenciones y el miedo de salir del cascarón protector representado por la familia (simbolizada también por el nido de ardilla en el tronco del árbol).

Figura 58. Los pájaros dibujados por Alessia, de seis años, son oscuros y parecen amenazadores; probablemente la niña ha querido representar aves rapaces, que muestran sus temores al enfrentarse con el mundo adulto.

Fig. 55

Fig. 56

ig. 57

. 58

ESSIA
A

Bien distinta debe ser la interpretación reservada a aves rapaces de color oscuro, o a los cuervos o los murciélagos; estos indican que, posiblemente, el niño es presa de algún tipo de terror nocturno o de una sensación inconsciente de peligro que le hace temer, con o sin razón, perder la atención de sus padres (figura 58).

Los peces, símbolo de adaptación

Quien dibuja a estos animales, expresión simbólica de serenidad, manifiesta un carácter dulce, alegre, feliz, adaptable, pero también un alma sensible y delicada (figura 59). Se trata casi siempre de niños muy susceptibles, fáciles de herir y que, si se les regaña de una forma agresiva o excesivamente dura, tienden a encerrarse en sí mismos y a volverse «mudos como peces» o a caer presa de una emotividad exagerada. Por ese motivo es muy importante vigilar sus amistades, porque podrían dejarse condicionar por otros niños más astutos sin perder, sin embargo, la capacidad de reaccionar, de dar un «codazo» para mantener una distancia adecuada a quien lo importuna.

El tiburón, símbolo de la necesidad de agredir para no ser agredido

El niño que dibuja un tiburón, percibido universalmente como un animal agresivo, nos comunica que se siente en peligro. El miedo a ser agredido por las circunstancias o por el ambiente lo lleva a prepararse para atacar a su vez a fin de mantener lejos a quien considera agresor. A menudo, una situación de este tipo está causada por una educación demasiado rígida o por decisiones escolares que no son idóneas para el potencial del niño, o incluso por circunstancias ambientales que vive con malestar (figura 60). La representación del tiburón, a diferencia de otro tipo de peces, no expresa, por lo tanto, adaptabilidad, sino más bien un espíritu combativo y competitivo.

La araña, símbolo de inconstancia

La araña, con su hacer y deshacer la telaraña, simboliza el cambio continuo de la vida humana que, desde los primeros años, se caracteriza por una constante búsqueda de un equilibrio entre las alegrías y las frustraciones que comporta el propio crecimiento. El equilibrio psicológico se alcanza precisamente aceptando los malestares y los sacrificios que obligan a continuos cambios y transformaciones hasta tejer la «tela artística de la vida» (figura 61).

El miedo a las arañas, que parece pertenecer, sobre todo, al universo femenino, indica el temor a verse atrapado en una red de impulsos y emociones de la que es difícil salir. Se trata de un miedo que surge sobre todo en la adolescencia, cuando llega para las chicas la edad de la menarquía y se produce el despertar sexual. A veces, la incapacidad de aceptar esos cambios y el miedo de no saber afrontar la nueva realidad que les espera, pueden llevar a algunas adolescentes a aceptar con dificultad su propia identidad femenina.

La mariposa, símbolo de gracia

Quien dibuja una mariposa, símbolo universal de belleza, ligereza y gracia, es fácilmente un niño fantasioso, lleno de imaginación, que se inclina a «soñar con los ojos abiertos»; para él será más difícil concentrarse en materias estrictamente lógicas, mientras que sabrá dar lo mejor de sí donde tenga que ejercitar su fervorosa fantasía. Resulta útil desarrollar este talento dirigiéndolo hacia opciones educativas creativas, o hacia actividades extraescolares capaces de estimular su potencial.

A menudo, los jóvenes que representan este símbolo en sus dibujos se orientan hacia la danza, actividad que les permite expresar la sensibilidad y la gracia con las que están dotados (figura 62).

El caracol, símbolo de necesidad de protección

El caracol, símbolo femenino, lleva siempre consigo una concha redonda y en espiral, y presenta una forma convexa que evoca el vientre materno. Quien lo dibuja pone inconscientemente de manifiesto un deseo insatisfecho, ligado al temor de perder la «concha» protectora de su casa (figura 63).

Para los niños que aman a este tipo de animalitos, un cambio de ciudad o incluso una simple mudanza pueden resultar traumáticos. Se trata de niños que sufren no solo porque deben cambiar de hábitos y de amigos, sino también por alejarse de su habitación y de su casa; están, de hecho, muy ligados a los lugares en los que han echado sus primeras

Figura 59. Casi siempre quien dibuja peces, como por ejemplo Alice, de siete años y nueve meses, muestra un alma bondadosa y buena adaptabilidad.

Figura 60. El tiburón con dientes afilados dibujado por Filippo, de cinco años y seis meses, indica que está viviendo una situación estresante, que provoca una fuerte reacción en él y una simbólica necesidad apremiante de «morder» a quien se la causa.

Figura 61. Esta enorme araña roja y azul dibujada por Riccardo, de siete años y dos meses, muestra su gran mutabilidad de ánimo.

Figura 62. Las mariposas son coloridas, ligeras, bellas y simbolizan todo un mundo de gracia e ingravidez que Simona, de cuatro años, ha querido representar en su dibujo.

Fig. 59

g. 60

Fig. 61

Fig. 62

raíces, han dado los primeros pasos y se han sentido protegidos y a salvo. El cambio puede interferir en su eficiencia provocando momentos de profundo malestar y desmotivación que es necesario percibir para evitar que aparezcan más tensiones o ansiedades.

Monstruos, símbolo de exorcización del miedo

Los monstruos, protagonistas de tantas series de dibujos animados, simbolizan la necesidad de exorcizar algo que preocupa al niño. Es como si, al dibujar a los monstruos, el pequeño quisiera superar un momento de ansiedad, debido quizás a un cambio que lo preocupa (figura 64).

La representación de monstruos, como la de animales feroces, es particularmente frecuente en los dibujos de niños y adolescentes que manifiestan pequeños tics o formas de autoagresividad, como comerse las uñas. Puede ser señal de que en aquel momento se están produciendo cambios difíciles de aceptar como, por ejemplo, el paso de la guardería al colegio o de este al instituto.

El dragón, símbolo de desafío omnipotente

El dragón, animal polimorfo que vive a menudo en la fantasía de los niños como algo fantástico y aterrador, se representa generalmente para exorcizar el miedo, y el hecho de colorearlo vivazmente constituye un desafío adicional (figura 65). No es casual que algunos niños digan, inmediatamente después de haber dibujado un dragón, que no le tienen miedo, que son más fuertes que él e incluso que es su amigo y que los ayudará a desafiar a sus compañeros rivales (figura 66). Permitirle al niño que explique lo que ha representado y que exprese las emociones que el dibujo suscita en él

Fig. 63

Fig. 64

Fig. 65

Fig. 66

favorece la experiencia más importante que un niño puede tener, la de explorar, sin saberlo, su propio inconsciente.

Figura 63. En este dibujo rico y coloreado de Emma, de siete años y cuatro meses, la presencia de un gran caracol, que lleva siempre consigo la concha protectora que representa su «casa», revela la necesidad de calor y de protección percibida por la niña.

Figura 64. A menudo los niños exorcizan el miedo a algo materializándolo en monstruos que aparecen en sus dibujos, como ha hecho Federico, de trece años, que ha dibujado un buen puñado.

Figura 65. El dragón dibujado por Elena, de siete años, grande y muy coloreado, muestra el sentimiento de omnipotencia que experimenta la niña, un sentimiento que normalmente está presente en la infancia, pero que no debe prolongarse demasiado en el tiempo.

Figura 66. Dibujar un dragón ya es de por sí una señal del deseo de exorcizar un miedo; si, además, como en este caso, el niño, Michele, de seis años, se dibuja a sí mismo luchando contra el monstruo (véanse los garabatos enmarañados sobre los dos personajes), al simple miedo se suma también el deseo de derrotarlo para conquistar una autonomía aún escasa.

Los objetos

La tecnología usada como medio de comunicación
está corrompiendo el mundo de las emociones.

EVA CROTTI

Origen y significado psicológico del símbolo

Es cada vez más frecuente que en los dibujos infantiles aparezcan «objetos» como expresión de la necesidad de demostrar la propia fuerza y de afrontar la propia voluntad. También en lo referente a la interpretación de estos símbolos es importante tener en cuenta la historia, las características y la personalidad de quien los dibuja. Por ejemplo, es más fácil encontrarlos representados en los dibujos de niños; en cambio, cuando aparecen en los dibujos de niñas el mensaje que envían es bien distinto.

En el caso de los objetos mecánicos, que en general forman parte de un patrimonio reciente, no siempre es posible encontrar una relación directa con los arquetipos. Por lo tanto, resulta más difícil la referencia inmediata a símbolos que pertenecen al inconsciente colectivo, y por eso es importante conocer las tradiciones de la sociedad a la que pertenece y a la que representa.

El símbolo en el dibujo

Los objetos mecánicos como el automóvil, la motocicleta, el avión, el tanque, la bicicleta, la barca, etc., expresan simbólicamente los estados de ánimo más profundos, las emociones más intensas de quien los dibuja. Pueden ser señal de una agresividad reprimida que se manifiesta con un estado de ansiedad o del deseo del chico de crecer, de afirmar la propia identidad sexual, de relacionarse finalmente con el mundo de una forma más autónoma y consciente de sí mismo.

A veces el dibujo de esos objetos sustituye la representación de las figuras familiares, para testimoniar un rechazo causado por sentimientos agresivos reprimidos pero, sin embargo, no aceptados y vividos con sentimiento de culpa por parte de quien los representa.

El barco de vela, símbolo de huida
Es un símbolo ligado al deseo de evasión, de aventura, de exploración más allá de los muros familiares. Muestra, en quien lo dibuja, la presencia de una curiosidad no superficial, apoyada por una mente férvida y vívida (figura 67).

El barco o el buque, símbolo de la necesidad de ser mecido por las olas
El barco puede expresar, junto con el barco de vela, un deseo de evasión, pero también manifestar el sentimiento de

soledad que el dibujante está atravesando. Es fácil que durante el duro camino de crecimiento los jóvenes experimenten estas sensaciones, que no deben preocupar excesivamente a los adultos. Además, la nave, que «flota sobre las aguas», puede poner en evidencia la necesidad de cariño del niño y de seguir siendo «mecido» en brazos de su madre (figura 68).

El buque de guerra, símbolo de agresividad reprimida o de deseo de venganza

De forma distinta debe interpretarse, por el contrario, la representación de un buque de guerra o de un portaaviones, reveladores de la urgencia del chico de manifestar una agresividad que no logra expresar de otra forma, pero que podría también significar un deseo de potencia, de venganza, de oposición y de reacción ante una realidad que no llega a aceptar hasta el final o con la serenidad necesaria (figura 69).

Figura 67. En el dibujo de Marco, de ocho años y siete meses, el barco pirata con las velas desplegadas, que se mueve aprovechando el viento, expresa el deseo de viajar, realmente o con la fantasía.

Figura 68. Este gran barco casi suspendido en el vacío sugiere que Tommaso, de nueve años y siete meses, siente aún la necesidad de ser metafóricamente acunado en brazos de su madre.

Figura 69. Este buque de guerra dibujado por Christian, de siete años y ocho meses, con su arsenal de cañones apuntando en todas direcciones y preparados para disparar, nos comunica que en el niño hay una agresividad reprimida.

Figura 70. Al dibujar un motociclista que se enfrenta temerariamente al peligro con un salto acrobático, Giovanni, de ocho años y nueve meses, nos comunica su deseo de autonomía y de independencia.

Fig. 67

Fig. 68

El automóvil y la motocicleta, símbolos del deseo de autonomía

Quien dibuja estos vehículos nos comunica que el deseo de mayor autonomía es muy fuerte y que está dispuesto a medir su propia fuerza y a desafiar también al mundo de los adultos (figura 70). Es más frecuente que el coche y la moto se dibujen durante la pubertad o la adolescencia, para demostrar lo importante que es para el sujeto, especialmente en esta fase de su vida, ponerse a prueba y enfrentarse con el mundo extrafamiliar.

El avión, símbolo de ambición

Quien dibuja aviones manifiesta la necesidad de autoafirmarse, así como tensión hacia los intereses espirituales y culturales. Es importante que los jóvenes tengan la posibilidad de desarrollar su talento y de cultivar sus propios intereses, ya se trate de música, dibujo o algún otro; no hay que «cortar las alas» a su potencial, porque esto los desmotivaría (figura 71).

El avión simboliza también la necesidad del niño de establecer relaciones más fuertes con el mundo exterior, de «volar» metafóricamente más allá de la familia, para volver después con más alegría y satisfacción, enriquecido por las nuevas y estimulantes experiencias vividas.

El tanque, símbolo de agresividad

Es una figura representada, sobre todo, por niños que experimentan sentimientos de fragilidad interior, porque es una expresión de fuerza, el tanque es agresivo y el pequeño está dispuesto a apuntar el cañón hacia cualquiera que amenace, o parezca amenazar, su susceptibilidad (figura 72). Dibujar este vehículo de guerra es, por lo tanto, una forma de poner sobre el dibujo un deseo de poder y una agresividad que generan ansiedad porque no siempre se pueden manifestar.

Sin embargo, si la agresividad o el deseo de poder del adolescente se invierten adecuadamente y no se inhiben, representan una fuerza positiva y motivadora en el camino del crecimiento. Al representar este símbolo, el niño manda un mensaje a los adultos para que lo ayuden a canalizar positivamente esta energía, a fin de lograr un crecimiento armónico.

Palos y espadas, símbolos fálicos

La representación de estos objetos por parte de un adolescente muestra que el mundo de los instintos está a las puertas y que, para él, no resulta fácil comprenderlo y vivirlo con espontaneidad y serenidad (figuras 73 y 74). Si el adolescente vive mal esta situación, se pueden originar sentimientos de agresividad. Al representar ese símbolo, trata de exorcizar el miedo que siente al enfrentarse a sus propios instintos y a la sexualidad en general, cuestiones de las que a menudo no consigue hablar con los adultos de referencia, que probablemente no parecen dispuestos a ofrecerle explicaciones. A veces son los mismos adultos los que sienten vergüenza al tratar estos temas e intentan minimizarlos recurriendo al chiste o la ironía.

Si, por el contrario, los adultos, valiéndose también de instrumentos como una correcta interpretación del dibujo, fueran capaces de aceptar la petición de ayuda y de explicaciones del muchacho, podrían ayudarlo a superar esa fase explicándole que no hay nada negativo en los impulsos sexuales que siente. La actividad deportiva u otros intereses creativos pueden ayudarle a canalizar la tumultuosa explosión de energía típica de la edad adolescente.

Fig. 71

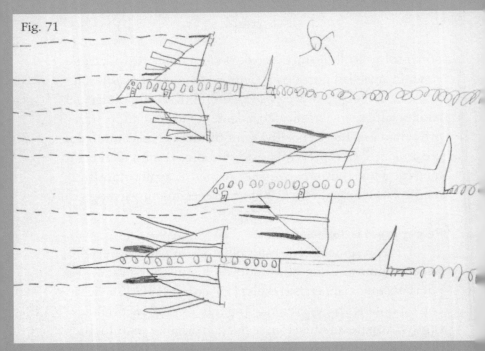

Fig. 72

Fig. 73

Fig. 74

Figura 71. El avión, como los que aparecen en este dibujo de Gabriele, de ocho años, es símbolo de ambición y expresa, por lo tanto, el deseo del niño de realizarse socialmente.

Figura 72. Dentro del tanque dibujado por Giuseppe, de diez años, uno se siente protegido, ¡pero también se puede atacar al enemigo!

Figura 73. La espada es uno de los más claros símbolos fálicos, y está ligada a la fase de crecimiento sexual. Giacomo, de nueve años, que la dibuja en manos de piratas a bordo de un barco de apariencia bastante amenazadora, demuestra así que advierte en su interior la aparición de los primeros instintos.

Figura 74. La espada, como el palo, es un símbolo fálico y, por lo tanto, pertenece principalmente al mundo masculino. El hecho de que aparezca en el dibujo de una niña, Serena, de cinco años y dos meses, lleva a pensar que no ha aceptado completamente su propia identidad femenina. En efecto, su madre dice que Serena tiene dos hermanos mayores a los que siempre quiere imitar, incluso en los comportamientos. Sería bueno que la madre, a través de una cercanía partícipe y una afectuosa complicidad, intentase estimular su parte femenina para que en el futuro no tenga problemas relacionados con la identidad sexual.

Corazones y corazoncitos

Origen del símbolo

En el esquema vertical del cuerpo humano el corazón está situado exactamente en el centro, una posición que simbólicamente confirma que se trata de la sede del motor de la vida. No es casual que los antiguos egipcios dejaran este órgano dentro del cadáver antes de proceder a la momificación para que pudiera continuar existiendo en la eternidad.

En nuestra cultura, el corazón está relacionado con la noción de amor, pero antiguamente su valor era más amplio, ya que llegaba a abrazar también los conceptos de inteligencia y de vida.

Significado psicológico del símbolo

La representación de este símbolo en los dibujos infantiles representa un mensaje que envían a sus seres queridos, denunciando una carencia afectiva y un vacío que se llena con muchos corazoncitos, esparcidos aquí y allí hasta ocupar todo el espacio de la hoja (figuras 75 y 76).

El símbolo en el dibujo

La continua representación de este símbolo denota tensión y temor de ser abandonados. Sería, por lo tanto, una especie de exorcismo que se lleva a cabo para evitar el peligro de abandono (figura 77).

Se trata, por consiguiente, de una manera de expresar afecto hacia los seres queridos. Esto es tan cierto que aparecen en todas las formas posibles en los dibujos infantiles, desde los primeros trabajos hechos en la guardería para el día del padre o de la madre (figura 78).

En caso de que la representación de corazoncitos de cualquier forma, color y tamaño se repita obsesivamente, es necesario prestarle aún más atención. Incluso teniendo

Figura 75. La presencia de numerosos corazones en el dibujo de Giorgia, de seis años y cinco meses, señala que la niña siente carencias afectivas o que necesita ser iluminada por el amor de las personas más cercanas a ella, los padres tienen que prestar especial atención a esta petición.

Figura 76. Al dibujar un gran corazón coronado por otros pequeños corazoncitos, Valeria, de cinco años, quiere expresar una gran necesidad de afecto.

Fig. 75

Fig. 76

Fig. 77

Fig. 78

en cuenta la dificultad diagnóstica, nuestra larga experiencia nos lleva a afirmar que en muchos casos de «infancias profanadas» se daban un abuso de corazones en los dibujos.

Figura 77. Los corazoncitos presentes en el dibujo del pequeño Francesco, de cinco años, señalan la necesidad de correspondencia afectiva por parte del padre; de hecho, están situados cerca del sol (símbolo paterno), cuyos rayos negros y, por lo tanto, incapaces de calentar confirman que el niño sufre por la falta de calor afectivo, una carencia que se encuentra también en el lenguaje simbólico de la casa, a la que le faltan la chimenea y la puerta. La madre comenta que Francesco siempre está nervioso, que es muy delicado para comer y que llora por nada. El motivo de esta situación puede estar recogido precisamente en el mensaje que el pequeño ha enviado a través de su dibujo. A esta edad la relación con el padre es muy importante, sobre todo para adquirir la propia identidad sexual y para reforzar la seguridad en sí mismo.

Figura 78. Fiona, de nueve años, no solo ha llenado de corazoncitos el dibujo para su madre sino que, en la dedicatoria, le ha escrito que la ama infinitamente.

El test de las formas geométricas

Origen del símbolo

Las figuras geométricas, como cualquier otra forma de representación gráfica, contienen significados ocultos y ligados al inconsciente colectivo que no son siempre fáciles de comprender y de llevar al plano racional, pero no por eso pierden el valor y la penetración que han tenido (y continúan teniendo) en la historia del hombre. El símbolo gráfico más sencillo deja que se trasluzca toda su fuerza evocadora, espiritual y mística.

Estas formas básicas son, por lo tanto, elementos constitutivos también de los símbolos más complejos, que pueden, así, descomponerse en estos elementos más sencillos, permitiendo comprender mejor su significado.

Significado psicológico del símbolo

Las formas geométricas aparecen a menudo en los dibujos no solo de los niños, sino también de los adultos, y siempre cuentan algo de quien las realiza, algo que se encuentra en lo más profundo del alma. Como en todos los símbolos, para interpretar correctamente el significado de los diferentes símbolos gráficos, hay que tener en cuenta la personalidad del dibujante y el contexto en el que se producen.

En la cultura occidental, de hecho, se atribuyen a un mismo símbolo gráfico múltiples significados diferentes, siempre ligados naturalmente al contexto en el que se usan: el círculo rojo sobre un fondo blanco que encontramos en las señales de tráfico, por ejemplo, representa una señal de prohibición, pero en el dibujo de un niño puede representar el rostro de la madre (figura 79).

Cómo realizar el test

Mostrad la figura 80 a vuestro hijo y hacedle señalar qué símbolo le gusta más y cuál es el que, por el contrario, le desagrada. Leed después el significado relacionado con las diferentes formas escogidas. Se trata de un test válido también para adultos.

El cuadrado

Representa a la tierra, la materia, la limitación, el mundo físico, la Creación.

Quien prefiere esta figura denota un carácter y un pensamiento concretos. Está dotado de sentido práctico y es un buen organizador. Tendrá dificultades, en cambio, para estar quieto durante mucho tiempo, porque es una persona activa y, si es adulto, un buen trabajador. Sabe organizar los juguetes, sobre todo los manuales y de construcción. Ordenado, preciso y leal, es un amigo que conviene tener cerca. Tendrá éxito, además de en el colegio, en la vida social y laboral.

A veces oye decir que razona «como un adulto». Posee un pensamiento lógico y, por lo tanto, dirigido hacia los estudios científicos; de adulto tendrá una mente racional, «cuadrada» y bien organizada, que dejará poco lugar a la improvisación. Posee una energía constructiva que le confiere un carácter estable y tiene los pies bien puestos en el suelo.

Quien rechaza este símbolo posee un carácter fantasioso, impulsivo, capaz de escucharse; se deja llevar más por la intuición que por la racionalidad. Los sentimientos tienen una notable importancia para su estabilidad emocional. Denota escasa practicidad, una fuerte sensibilidad y una rica fantasía, por lo que es fácilmente víctima de la distracción.

El círculo

Simboliza el cielo, el infinito, lo universal, el Creador.

Quien escoge esta forma tiene un buen carácter, así como una personalidad vital, sociable y abierta a escuchar. Sabe utilizar bien el tiempo, encontrándolo también para sí mismo.

Figura 79. Nicol, de dos años, con este garabato circular ha querido representar un rostro. Con el verde delinea los contornos y dentro son bien visibles dos esbozos de ojos.

Figura 80. El cuadrado, el círculo, el triángulo, la estrella y el segmento son las figuras geométricas básicas.

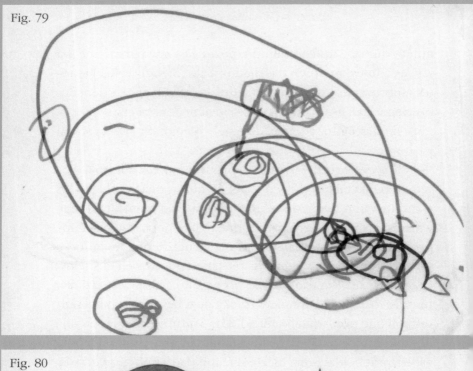

Fig. 79

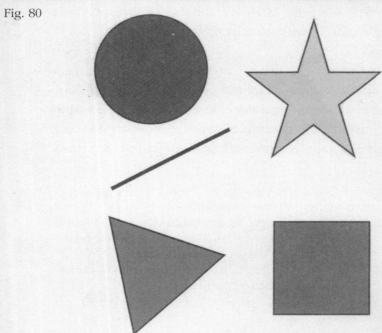

Fig. 80

Posee un espíritu de iniciativa y de colaboración. Sabe inventar muchas cosas y suscita interés en torno a él; precisamente por eso, es a menudo el centro de atención; consciente de ello, intenta disfrutar de su propia fascinación por obtener afecto y alabanzas.

En la vida de grupo será protector de los débiles.

Se verá especialmente atraído por los juegos al aire libre y de grupo, como el fútbol, el voleibol o el rugby.

En cuanto al estudio, preferirá las humanidades, que le permitirán expresar la generosidad, la extroversión y la humanidad.

El que rechaza este símbolo es una persona que, al amar la concreción, no admite perder el tiempo ni divagaciones muy fantasiosas. No le gustan las personas demasiado vivaces y es, en general, selectivo al elegir a sus amigos.

El triángulo

Representa el fuego que va hacia lo alto, el espíritu.

Quien elige esta figura denota un carácter extrovertido, sociable y vivaz. A menudo le gusta estar con los demás, con los que sabe dialogar y de los que obtiene simpatía y aprobación. Lleno de iniciativa, es un buen organizador de juegos, sobre todo de grupo, a los cuales, incluso sin querer necesariamente ser el jefe, sabe dar un toque de originalidad que todos aprecian.

*Quien rechaza este símbol*o indica una naturaleza introvertida, a quien no le gusta estar en ambientes ruidosos ni con amigos demasiado vivaces ni excesivamente activos.

La estrella

Quien escoge esta figura se siente contento de estar en el mundo; es un entusiasta de la vida y por eso ama a las personas y a la naturaleza, incluidas las plantas, los minerales y los animales.

Es un individuo que querría aprenderlo todo y que lleva a cabo miles de actividades, que posteriormente abandona con la misma facilidad. Eso no significa que sea superficial, sino que su temperamento curioso le empuja a una búsqueda continua de novedad.

Ama la compañía, tiene muchos amigos a su alrededor y podrá, precisamente por su vivacidad, tener éxito también en la vida.

Sus estudios deben dirigirse preferiblemente hacia aquellos sectores que lo impulsen hacia la sociedad: política, abogacía, periodismo, etc.

A quien rechaza este símbolo le encanta profundizar en cualquier cosa hasta examinar completamente el problema, llegando a buscar incluso «la aguja en el pajar».

Es difícil satisfacerlo en las relaciones, pero sus elecciones están bien ponderadas y las relaciones que entabla duran en el tiempo.

Al orientar a este niño en los estudios hay que tener presente que está especialmente predispuesto para trabajos que tengan que ver con la investigación.

La línea

Representa el horizonte, el límite entre la tierra y el suelo.

Quien prefiere la línea simple es un niño espontáneo y sencillo que necesita dejar siempre huella en los ambientes que frecuenta, y que por eso pasa difícilmente desapercibido. La línea es una señal reveladora de su necesidad de sentirse activo y parte concreta del mundo.

Es un niño alegre y capaz de maravillarse con las pequeñas cosas; se pierde fácilmente en sueños con los ojos abiertos, donde su mirada está dirigida hacia un infinito compuesto de numerosos colores, en el cual la fantasía vuela y puede inventar personajes que le hacen compañía.

Su férvida fantasía, si se gestiona correctamente, podría hacer de él, de mayor, un maravilloso escritor, actor o incluso pintor. Debido a su índole un poco soñadora, es posible que a menudo los padres y los profesores le pidan que ponga más atención a lo que hace.

Quien rechaza el segmento podría llegar, si su talento no se reconoce y se valora adecuadamente, o si se ve obligado a realizar tareas repetitivas, a nutrir una agresividad que, si no se canaliza hacia una actividad deportiva o se descarga con técnicas de relajación, podría crearle algún problema de ansiedad.

Sobre los autores

Evi Crotti es psicopedagoga y periodista, experta en la edad evolutiva. Fué consultora de educación en el instituto de la comunicación León XIII de Milán. Ha impartido cursos en la Univesidad Bocconi de Milán y también en la escuela de Psicología Técnica, perteneciente a la Facultad de Medicina y Cirugía de la Universidad de Milán. Fundó y actualmente dirige en Milán la escuela de grafología del *Nuovo Centro di Ricerche Crotti*. Con frecuencia, los más prestigiosos periódicos y revistas publican artículos suyos acerca de la relación que existe entre la escritura y la psicología.

Alberto Magni es médico y psicoterapeuta. Consejero grafotécnico, colabora con el *Nuovo Centro di Ricerche Crotti* en lo referente a los aspectos clínicos de las actividades psico-grafodiagnósticas.

Juntos, Evi Crotti y Alberto Magni han publicado *Come interpretare gli scarabocchi, Mio figlio è (quasi) un adolescente, Colori, Bambini e paure, Conoscere lei, conoscere lui, Questo è il mio papà!* y *Ecco la mia famiglia!* Evi ha escrito también *Scarabocchiamo insieme.*

Índice

Significado de los símbolos en los dibujos de los niños